DON BOSCO

Birgit Ebbert

SCHULFÄHIGKEIT fördern

Lernauffälligkeiten erkennen – Basiskompetenzen stärken

DON BOSCO

Gerne nehmen wir Ihre Anregungen, Wünsche, Kritik oder Fragen entgegen:
Don Bosco Medien GmbH, Sieboldstr. 11, 81669 München
anregungen@donbosco-medien.de
Servicetelefon: (0 89) 4 80 08-341

Bibliografische Information der Deutschen Nationalbibliothek

Die Deutsche Nationalbibliothek verzeichnet diese Publikation in der Deutschen Nationalbibliografie; detaillierte bibliografische Daten sind im Internet über http://dnb.d-nb.de abrufbar.

4. Auflage 2019 / ISBN 978-3-7698-1799-7

www.donbosco-medien.de
Umschlag und Umschlagfotos: Manfred Lehner, Blue Cat Design
Layout und Illustrationen: ReclameBüro, München
Satz: undercover, Aletshausen-Winzer
Druck: BoD – Books on Demand, Norderstedt

Gedruckt auf umweltfreundlichem Papier

Inhalt

INHALT

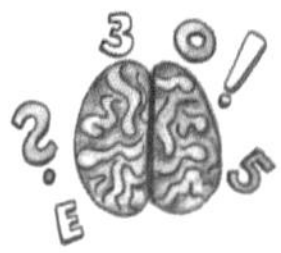

Einführung

Der Übergang von der Kita in die Schule hat in den letzten Jahren, vor allem als Folge verschiedener Bildungsstudien, an Bedeutung gewonnen. War die Vorbereitung auf die Einschulung früher abhängig von der einzelnen Einrichtung, gibt es inzwischen spezielle Curricula und Bildungspläne über die Ziele der Kita-Arbeit. Oftmals bleiben diese Vorgaben theoretisch, sodass Erzieherinnen, die sich in ihrer Ausbildung nicht damit beschäftigt haben, verunsichert werden. Dabei gibt es viele Überschneidungen zwischen den bisherigen Zielen und Arbeitsweisen und den Forderungen der Bildungspolitik. Dass gleichzeitig die Ausbildung der Erzieherinnen in Frage gestellt und der Eindruck vermittelt wird, die bisherige Qualifikation und Ausbildung reiche nicht, verunsichert zusätzlich.

Ziel dieses Buches ist es, die Erzieherinnen in ihrer Kompetenz zu stärken und ihnen zugleich Anregungen für die eigene Arbeit und die Gespräche mit den Eltern zu geben.

Im Mittelpunkt stehen die so genannten Vorläuferfähigkeiten, die Fähigkeiten also, die ein Kind bei der Einschulung beherrschen sollte, um Misserfolge zu vermeiden. Gerne wird von Kritikern bemängelt, dass Kinder nun schon in der Kita auf die Schule vorbereitet werden. Sie vergessen dabei, dass Kinder nicht freiwillig und vor allem nicht zu einem selbst gewählten Zeitpunkt eingeschult werden. Der Zeitpunkt ist definiert als der Schulanfang, der auf den sechsten Geburtstag folgt. Und das, obwohl seit Langem bekannt ist, dass die Fähigkeiten gerade in der Grundschule sehr unterschiedlich ausgeprägt sind, zum Teil verfügen einzelne Erstklässler bereits über die gleichen Fähigkeiten wie Viertklässler, manches gelingt einzelnen Viertklässlern aber auch erst auf dem Niveau eines Erstklässlers.

In einigen Bundesländern können Kinder, deren Fähigkeiten im einen oder anderen Bereich unter dem Durchschnitt liegen, ein Vorschuljahr in einem Schulkindergarten oder in einer Vorschule besuchen. Dieses Angebot wurde jedoch in einigen Bundesländern abgeschafft, sodass alle Kinder mit sechs Jahren eingeschult werden. Die Gefahr, dass ein Teil der Kinder schon im ersten Schuljahr Misserfolge erlebt und so die Freude an der Schule getrübt wird – oft mit Folgen für das ganze weitere Lernen – ist groß. Unter diesem Blickwinkel ist dieses Buch zu verstehen. Es möchte Erzieherinnen Hinweise geben, wie sie schulischen Misserfolgserlebnissen der Kinder, die sie über Jahre begleiten können, vorbeugen oder diese verhindern können.

Die Idee einer gezielten Förderung vor dem Schuleintritt ist selbstverständlich nicht neu, es gab bereits vor vierzig Jahren (!) so genannte Vorschulmappen, mit denen die

Kinder im Jahr vor der Einschulung speziell gefördert wurden. Doch heute weiß man genauer als damals, welche Fähigkeiten wichtig sind, um die Anforderungen der Schule zu bewältigen. Heute fehlen außerdem vielen Kindern wichtige Erlebnisse, mit denen sie grundlegende Fähigkeiten entwickeln können. Die gesellschaftlichen Bedingungen haben sich geändert, das Spiel auf der Straße ist z. B. oft nur noch unter Lebensgefahr möglich und viele Kinder wachsen in Ein-Kind-Familien auf, sodass ihnen soziale Erfahrungen mit Kindern unterschiedlichen Alters fehlen. Aber auch der Erfindergeist und der technische Fortschritt haben dazu beigetragen, dass es an Erfahrungen mangelt, in denen Grundfähigkeiten nebenbei entwickelt wurden. Schuhe mit Klettverschluss z. B. verhindern das mühsame Binden der Schleife, das allerdings ein gutes Training der Feinmotorik ist, der Brotbackautomat verhindert die sinnliche Erfahrung, dass ein Brot nicht aus dem Automaten kommt, sondern zuerst Teig gemischt werden muss etc. Ohne Zweifel ermöglichen moderne Erfindungen neue wichtige Erfahrungen, da sie jedoch leicht und von Kindern alleine bedient werden können, nehmen sie oft einen so großen Raum ein, dass Naturerfahrungen und direktes Erleben zu kurz kommen.

Die Auswahl der in diesem Buch vorgestellten Fähigkeiten erfolgte nach eingehender Analyse der verschiedenen aktuellen Curricula und Vorgaben der Bildungsministerien sowie der Konzepte der neuen Ausbildungsrichtlinien für Erzieherinnen. Dabei haben sich folgende Fähigkeiten als besonders wichtig herauskristallisiert.

- Die **visuelle Wahrnehmung** ist die Fähigkeit, Informationen über das Auge aufzunehmen, im Gehirn zu verarbeiten und ggf. in Handlungen des Körpers umzusetzen.

- Bei der **auditiven Wahrnehmung** handelt es sich um die Aufnahme und Verarbeitung von Informationen, die gehört werden. Auch diese Informationen werden nach der Verarbeitung im Gehirn unter Umständen in Handlungen umgesetzt, z. B. wenn das Hupen eines Autos ertönt und das Kind auf den Gehweg zurückspringt.

- Zu den Fähigkeiten der **Motorik** gehört sowohl die Grobmotorik, also das gezielte Bewegen des ganzen Körpers, als auch die Feinmotorik, hier werden einzelne Körperteile, z. B. die Finger, gezielt bewegt.

- Neben der Wahrnehmung und der Bewegung ist die **Sprache** eine wichtige Voraussetzung für das Lernen, sowohl das Verstehen der Sprache als auch das bewusste Anwenden von Sprache, Stimme, Wörtern etc.

- Ein Bereich der Sprachentwicklung, der für den Schriftspracherwerb besonders wichtig ist, ist die **Phonologische Bewusstheit.** Sie beschreibt die Fähigkeit, Besonderheiten gehörter Sprache bewusst zu erkennen, z. B. gleiche Anfangslaute, Reime oder Silben.

- Doch was wären Wahrnehmung, Bewegung und Sprache ohne die Fähigkeit der **Konzentration,** der Fähigkeit also, Aufmerksamkeit gezielt zu steuern und sie über eine längere Zeit zu behalten.

- Lernen ist nicht möglich, ohne die so genannte **Merkfähigkeit,** der Fähigkeit zur bewussten Speicherung von neuen Informationen, von Zusammenhängen usw.

- Eine wichtige Fähigkeit für Alltag und Lernen ist die **Vorstellungskraft**, sie ist dafür verantwortlich, dass ein Kind Bilder im Kopf abrufen oder sogar erzeugen kann, z. B. Mengenbilder zu Zahlen.

- Das **Abstraktionsvermögen** sorgt dafür, dass ein Kind gemeinsame Merkmale und Unterschiede erkennen und die Umwelt oder den Lernstoff einordnen kann.

- Um sich im Alltag und im Lernstoff zurechtzufinden benötigt ein Kind die **Fähigkeit zur räumlichen und zeitlichen Orientierung**, d.h. es muss Dinge im Raum zuordnen und Erlebnisse in den Zeitverlauf einordnen können.

- Damit das Kind die unzähligen Erfahrungen in einen Zusammenhang bringen kann, ist **logisches Denken** unabdingbar, darunter versteht man die Fähigkeit, Zusammenhänge zwischen Erlebnissen und Handlungen zu erkennen und bewusst einzusetzen.

- Erst in den letzten Jahren hat sich gezeigt, dass sich der **Mengen- und Zahlensinn** schon im Kleinkind- und Vorschulalter entwickelt, die Fähigkeit also, Zahlen und Mengen zu erkennen und einzuschätzen.

- Schließlich ist Lernen nur im Miteinander möglich, das **soziale und emotionale Kompetenzen** voraussetzt. Dazu gehört z. B. sich selbst zu kennen und zu vertrauen und auch mit anderen gut umzugehen.

Die einzelnen Kapitel sind jeweils gleich aufgebaut. Nach einer Beschreibung des Kompetenzbereichs wird entfaltet, welche Anzeichen, die im Kindergartenalltag zu beobachten sind, auf Lernauffälligkeiten oder Teilleistungsstörungen hindeuten. Am Ende des Buches findet sich die Auflistung der Anzeichen als Checklisten aufbereitet, die der kontinuierlichen Beobachtung im Kindergartenalltag zugrunde gelegt werden können.

Zusätzlich gibt es im Buch Hinweise auf weitergehende Diagnoseverfahren, die in der Regel von Fachleuten und Spezialisten durchgeführt werden, am Ende der Kapitel finden sich außerdem Hinweise auf Fördermöglichkeiten durch Spezialisten.

Die Übungen und Vorschläge zur gezielten Förderung bestimmter Kompetenzen, die in den einzelnen Kapiteln aufgelistet werden, sind nicht als Rezepte zu verstehen, sondern als Anregung, über die Fähigkeiten nachzudenken und bekannte Spiele oder sogar längst vergessene Spiele neu zu betrachten. Neue Medien tauchen daher nicht auf, nicht, weil sie die Kinder bei der Entwicklung behindern, sondern weil die meisten Kinder genügend Erfahrungen in der Familie und deren Umfeld mit technischen Geräten machen. Was ihnen häufig fehlt, sind Live-Erlebnisse und direkte Erfahrungen mit Menschen, mit Tieren, mit Natur und Materialien aller Art.

Auch bei den Tipps für die Elternarbeit geht es daher im Wesentlichen um Anregungen und Impulse zu bestimmten Spielen und gemeinsamen Erlebnissen.

Somit ist dieses Buch auch ein Appell, wieder mehr miteinander zu unternehmen, kreativ zu sein und auf Erlebnisse und Kenntnisse zurückzugreifen, die bisweilen verschüttet sind unter dem Diktat der Technik und den realen oder vermeintlichen Anforderungen seitens der Politik und der Eltern.

VISUELLE WAHRNEHMUNG

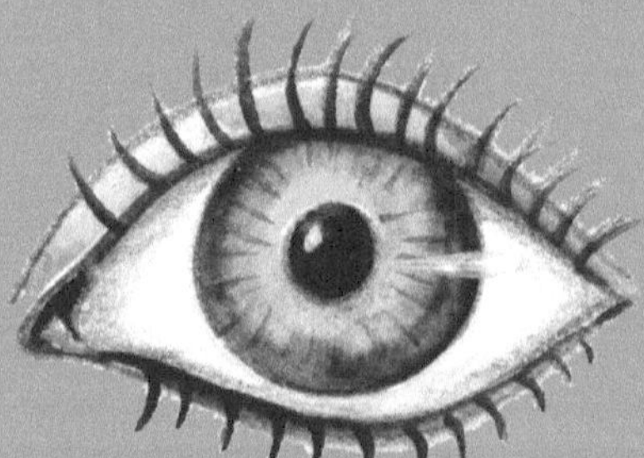

Welche Fähigkeiten beinhaltet die visuelle Wahrnehmung?

70 bis 80 % aller Informationen werden über das Auge aufgenommen. Das geschieht nicht immer bewusst, vieles wird auch entdeckt und gespeichert und taucht dann in ganz anderen Zusammenhängen auf. Daher kommt es, dass Kinder oftmals Dinge wiedererkennen, die sie scheinbar noch gar nicht kennen können. Die Dinge haben sie irgendwann als Kleinkind gesehen, sich aber nicht weiter damit beschäftigt. Die Eltern oder Menschen in der Umgebung haben folglich nicht wahrgenommen, was das Kind gesehen hat.

Die Wahrnehmung über das Auge wird „visuelle Wahrnehmung" genannt. Dabei bedeutet Wahrnehmung nicht nur Sehen, sondern auch Aufnehmen des Gesehenen in den Gedächtnisspeicher. Voraussetzung dafür ist selbstverständlich, dass das Kind richtig sehen kann und keine Sehfunktionsstörung vorliegt. Eine Sehfunktionsstörung bedeutet z. B., dass ein Kind weit- oder kurzsichtig ist oder eine Winkelfehlsichtigkeit hat. Bei den Regeluntersuchungen wird die Sehfähigkeit überprüft, ob das Kind z. B. Dinge erkennen und mit den Augen verfolgen kann. Es wird meist nicht intensiv kontrolliert, ob das Gesehene auch weitergeleitet und ggf. mit anderen Körperteilen oder Sinnen verknüpft wird, z. B. ob ein Kind auf der Linie, die es sieht, zeichnen kann.

Die visuelle Wahrnehmung umfasst fünf verschiedene Fähigkeiten, deren Definition auf die Lehrerin und Psychologin Marianne Frostig zurückgeht:

- Visuomotorische Koordination
- Figur-Grund-Diskrimination
- Wahrnehmungskonstanz
- Wahrnehmung räumlicher Beziehungen
- Raum-Lage-Wahrnehmung

Visuomotorische Koordination

Die visuomotorische Koordination bezeichnet die Fähigkeit, das Gesehene auf andere Körperteile zu übertragen. Am bekanntesten ist die so genannten Auge-Hand-Koordination, die für das Lernen besonders wichtig ist und die sich schon in den ersten Lebensmonaten entwickelt. Ohne eine ausgeprägte Auge-Hand-Koordination ist es nicht möglich, ein Bild auszumalen und an den Linien rechtzeitig zu stoppen oder etwas auf einer Linie auszuschneiden. In der Schule ist diese Fähigkeit nötig, um auf einer Linie zu schreiben.

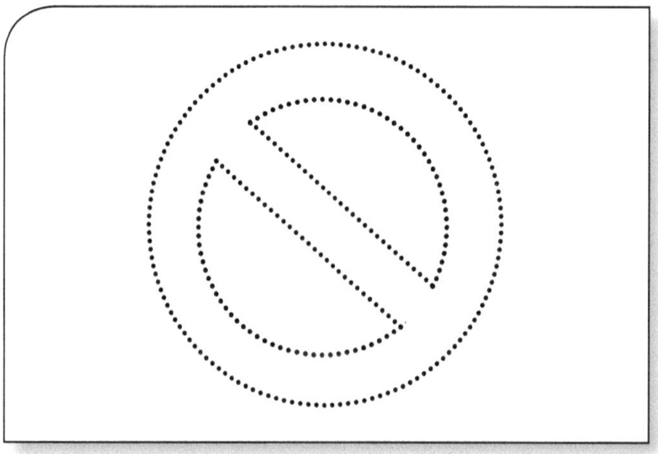

Neben der Auge-Hand-Koordination gibt es die Auge-Fuß-Koordination, die weniger in der Schule, aber z. B. beim Balancieren auf einem Balken wichtig ist.

Kinder müssen die Koordination von Auge und Körper trainieren, da sie diese Fähigkeit schrittweise entwickeln. Schon bei einem Kleinkind kann man erkennen, ob es einen Gegenstand greift, den es anschaut, oder ob es immer wieder daneben fasst. Spätestens im Jahr vor der Einschulung sollte die Fähigkeit so ausgeprägt sein, dass ein Kind eine Linie mit einem Stift nachziehen kann. Dabei sollte es höchstens einen halben Zentimeter neben der Linie zeichnen, je genauer es die Linie trifft, umso ausgeprägter ist diese Fähigkeit.

Figur-Grund-Diskrimination

Mit dem Begriff Figur-Grund-Diskrimination wird die Fähigkeit benannt, verschiedene Ebenen auseinander zu halten, die sich überschneiden oder dicht aneinander liegen. Diese Fähigkeit ist wichtig, um z. B. in einem Bild einen bestimmten Gegenstand zu finden, in einem Buch in einer Zeile zu bleiben oder an der Tafel genau die Aufgabe anzuschauen, die gelöst werden soll.

Das Kind muss dabei seine Aufmerksamkeit und die Augen gezielt auf einen Bereich lenken, z. B. wenn es erkennen und beschreiben soll, ob der Umriss einer Figur mit Strichen oder Punkten gezeichnet wurde.

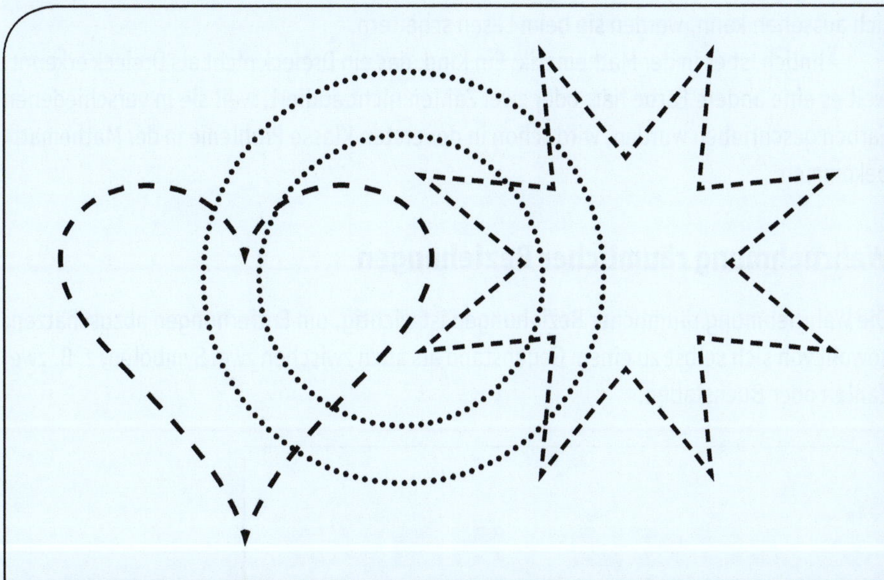

Auch diese Fähigkeit übt ein Kind schrittweise vom ersten Seh-Moment an. Es trainiert sie schon, wenn sich fünf Erwachsene über das Bett beugen und es daraus das Gesicht der Mutter herausfindet.

Wahrnehmungskonstanz

Unter Wahrnehmungskonstanz wird die Fähigkeit verstanden, einen Gegenstand wiederzuerkennen, auch wenn er von einer anderen Perspektive gesehen wird oder wenn er in einer anderen Farbe oder veränderten Größe erscheint.

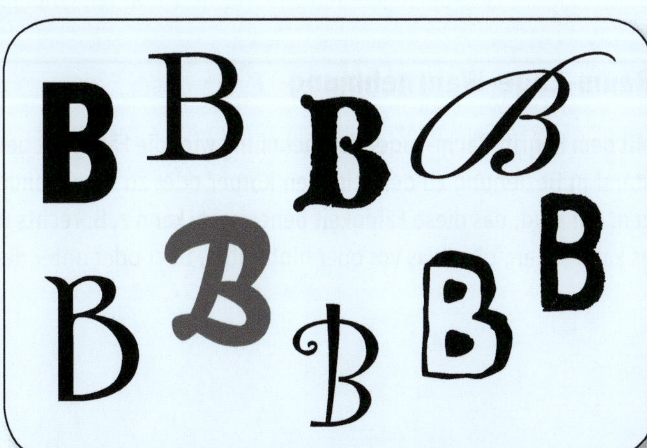

Das ist vor allem beim Lesen und in der Mathematik wichtig. Auch wenn sich Schul- und Kinderbuchverlage Mühe geben, gerade für Bücher in der ersten Klasse einheitliche Schriften zu wählen, begegnen den Kindern doch überall Buchstaben oder Wörter in anderen Schriftarten oder Schriftgrößen. Wenn sie nicht wissen, dass ein B unterschiedlich aussehen kann, werden sie beim Lesen scheitern.

Ähnlich ist es in der Mathematik: Ein Kind, das ein Dreieck nicht als Dreieck erkennt, weil es eine andere Farbe hat, oder zwei Zahlen nicht addiert, weil sie in verschiedenen Farben geschrieben wurden, wird schon in der ersten Klasse Probleme in der Mathematik bekommen.

Wahrnehmung räumlicher Beziehungen

Die Wahrnehmung räumlicher Beziehungen ist wichtig, um Entfernungen abzuschätzen, sowohl von sich selbst zu einem Gegenstand als auch zwischen zwei Symbolen, z. B. zwei Zahlen oder Buchstaben.

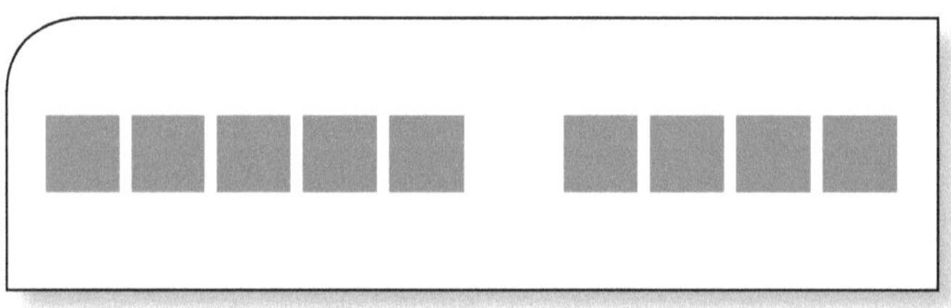

Ein Kind, das diese Fähigkeit nicht beherrscht, entdeckt z. B. beim Lesen nicht, wo ein neues Wort anfängt und das andere aufhört. Für das Kind ist der Abstand zwischen zwei Wörtern unter Umständen genauso groß wie der zwischen zwei Buchstaben in einem Wort. Ebenso kann es auch zu Problemen in der Mathematik führen, wenn nicht klar ist, welche Ziffern zusammengehören und welche schon Teil einer neuen Zahl sind.

Raum-Lage-Wahrnehmung

Mit dem Begriff Raum-Lage-Wahrnehmung wird die Fähigkeit beschrieben, einen Gegenstand in Beziehung zu dem eigenen Körper oder zu einem anderen Gegenstand zu setzen. Ein Kind, das diese Fähigkeit beherrscht, kann z. B. rechts und links unterscheiden, es kann sagen, ob etwas vor oder hinter ihm, über oder unter dem Tisch o. Ä. ist.

6 9	b d	3 E	p q

Diese Fähigkeit wird bereits im Kindergarten benötigt, um Anweisungen oder Geschichten zu verstehen, es ist nämlich etwas anderes, ob ein Kind unter dem Tisch sitzt oder neben dem Tisch. In der Schule ist die Raum-Lage-Wahrnehmung z. B. wichtig, um Buchstaben oder Zahlen auseinander zu halten, so ist der „Bauch" bei einem b rechts und bei einem d links. Wer das nicht verinnerlicht hat, kann den Sinn eines Satzes oder einer Geschichte nicht verstehen und seine Gedanken nicht für andere lesbar aufschreiben. Auch beim Rechnen ist es nicht egal, ob man 6 minus 4 oder 9 minus 4 rechnet.

Wie erkenne ich Probleme und Auffälligkeiten?

Anzeichen im Alltag

Schwierigkeiten bei der visuellen Wahrnehmung tauchen häufig erst in der Schule auf, dabei gibt es schon vorher Anzeichen, die auf eine Störung hinweisen können. Nicht alle Kinder, die eine der Auffälligkeiten zeigen, haben eine Wahrnehmungsstörung im visuellen Bereich, falls allerdings mehrere Anzeichen auftreten, ist es besser, den Eltern eine Überprüfung zu empfehlen.

Im Spiel

- Das Kind hat Schwierigkeiten, auch bei einfachen Puzzlespielen die richtigen Puzzleteile zu finden.
- Das Kind kann Plättchen nicht in neue Muster umlegen.
- Das Kind baut kaum mit Bausteinen und wenn, gelingt ihm ein Turm oder dergleichen nur schlecht.
- Das Kind kann nicht oder nur schlecht mit Bausteinen nach Vorlagen bauen.
- Das Kind greift öfter mal daneben, wenn es eine Spielfigur vorrücken oder etwas aufheben möchte.

Beim Malen und Basteln

- Das Kind hat Probleme beim Auffädeln von Perlen nach einem bestimmten Muster.
- Das Kind malt auch im Vorschulalter über die Blattgrenzen und kann kein Bild ausmalen, ohne häufiger als fünfmal die Ränder zu übermalen.
- Das Kind kann keine Punktbilder nachmalen.
- Das Kind kann seinen Namen nicht auf einer Linie schreiben, ohne dass es mehr als einen halben Zentimeter von der Linie abweicht.
- Das Kind zeichnet nicht sehr gut.

Beim Vorlesen und Sprechen

- Begriffe wie innen, außen, neben, hinter, rechts und links werden nicht verstanden.
- Das Kind findet in einem Wimmelbuch eine gesuchte Figur immer als Letztes.
- Das Kind kann eine Zahl auf einem Bild erkennen, aber z. B. nicht auf einem Nummern- oder Straßenschild.

Beim Laufen oder Spielen im Freien
- Das Kind kann rechts und links nicht unterscheiden.
- Das Kind kann nicht auf einem Baumstamm balancieren.
- Das Kind geht Treppen auch im Vorschulalter noch langsam herunter und zögert, wenn es von einer Bordsteinkante hinuntersteigen soll.
- Das Kind stolpert öfter, auch über auffällige Gegenstände.
- Es hat Schwierigkeiten, einen Ball zu fangen oder zu schießen.

Diagnosemöglichkeiten und Testverfahren

Für die Diagnose einer visuellen Wahrnehmungsstörung wird meist einer der folgenden drei Tests eingesetzt:

- ✔ FEW 2 (Frostigs Entwicklungstest der visuellen Wahrnehmung): Er richtet sich an Kinder von 4 bis 9 Jahren und besteht aus 8 Aufgabengruppen, in denen sowohl die bewegungsabhängige als auch die bewegungsunabhängige visuelle Wahrnehmung überprüft wird.
- ✔ POD 4 (Prüfung optischer Differenzierungsleistungen): Dieser Test richtet sich gezielt an vierjährige Kinder und überprüft in verschiedenen Übungen die oben skizzierten Fähigkeiten, die zur visuellen Wahrnehmung gehören.
- ✔ POD (Prüfung optischer Differenzierungsleistungen): Mit diesem Test wird die visuelle Wahrnehmung der Kinder von 5 bis 7 Jahren, also vor allem im Vorschul- bzw. im ersten Grundschulalter überprüft.

Fördermöglichkeiten in der Kita

Viele Spiele und Maßnahmen, die in der Kita umgesetzt werden, fördern die Fähigkeit der visuellen Wahrnehmung quasi nebenbei. Hier ist es wichtig, dass Sie im Blick haben, ob sich alle Kinder an diesen Spielen und Maßnahmen beteiligen. Kinder spüren Schwächen als Erstes und drücken sich um Tätigkeiten, bei denen diese Schwächen auffallen könnten. Es lohnt sich daher, gelegentlich zu überprüfen, ob es Kinder gibt, die z. B. nie in der Bauecke zu finden sind, die Bastel- und Malarbeiten mit Stift und Schere umgehen und die auch sonst durch Ungeschicklichkeiten wie z. B. Stolpern auffallen.

Falls Sie einen Verdacht auf eine visuelle Wahrnehmungsstörung haben, sollten Sie die Eltern informieren, damit diese eine Überprüfung einleiten. Ansprechpartner ist in der Regel der Kinderarzt, die Tests werden meist von Ergotherapeuten durchgeführt. Falls

Sie und die Eltern den Verdacht haben, dass ein Kind mehrere Wahrnehmungsstörungen hat, wird der Kinderarzt unter Umständen das Kind auch zu einer umfassenden Untersuchung an die Frühförderstelle oder das Sozialpädiatrische Zentrum überweisen, damit es dort intensiv untersucht und getestet wird.

Bis jedoch eine zusätzliche Förderung erfolgt, können Sie das Kind mithilfe von Spielen und Bilderbuch-, Mal- bzw. Bastelaufträgen bei der Entwicklung der Fähigkeit unterstützen. Wichtig ist, dass das Kind einen Stift, einen Pinsel oder eine Schere gezielt auf einer Linie bewegt, also Augen und Hand miteinander abstimmt. Das ist bei vielen Übungen in der Kita möglich, aber auch klassische Spiele wie Stapelpferd oder Mikado trainieren diese Fähigkeit. Im Folgenden finden Sie einige konkrete Anregungen, mit denen die visuelle Wahrnehmung besonders gefördert wird.

Labyrinthspiele

Labyrinthspiele gibt es in verschiedenen Größen und Ausführungen, für einen oder mehrere Spieler. Allen Spielen gemeinsam ist, dass die visuelle Wahrnehmung enorm geschult wird. Es ist nicht nur nötig, die räumliche Entfernung abzuschätzen, sondern daneben ist die Auge-Hand-Koordination gefordert, wenn eine Kugel oder eine Spielfigur an ein Ziel gebracht werden muss.

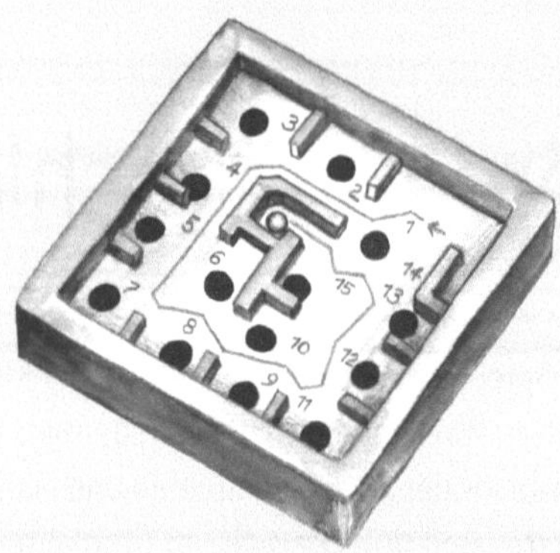

Auch der Spieleklassiker „Das verrückte Labyrinth“ fördert diese Fähigkeit, eine besondere Herausforderung bildet das Spiel „Das magische Labyrinth“, bei dem der Weg aus einem Labyrinth mithilfe von Spiegeln gefunden werden muss.

Die Spielzeugkiste

Mitspieler: ab 2 Spieler
Material: Spielzeugkiste oder andere Kiste, die viele verschiedene Gegenstände enthält
Ziel: Betrachten durcheinander liegender Gegenstände und Entdecken bestimmter Eigenschaften
Dauer: beliebig

Stellen Sie eine Kiste mit Spielzeug aller Art mitten in den Stuhlkreis oder in die Gruppe. Suchen Sie ein Spielzeug aus und beschreiben Sie zwei hervorstechende Eigenschaften, z. B. „es ist kuschelig und grün". Lassen Sie die Kinder in die Kiste schauen und erraten, welchen Gegenstand Sie sich ausgedacht haben.

Bauen nach Vorgaben

Mitspieler: 2
Material: Bausteine
Ziel: Genau hinsehen und das Gesehene in eigene Handlung übertragen

Zwei Kinder oder ein Kind und eine Erzieherin sitzen nebeneinander (nicht gegenüber!). Das erste Kind beginnt mit zwei Steinen zu bauen. Das zweite Kind muss das gleiche Muster bauen, allerdings kann die Farbe der Steine unterschiedlich sein, nicht aber die Größe. Wenn das zweite Kind richtig nachgebaut hat, baut es zwei Steine an. Die muss das erste Kind oder die Erzieherin nun ebenfalls genauso nachbauen.
Bei diesem Spiel kann die Schwierigkeit gesteigert werden, indem die Spieler sich gegenübersitzen, dabei muss spiegelverkehrt gebaut werden.
Für diese Aufgabe eignen sich auch so genannte Soma-Würfel, falls diese in Ihrer Einrichtung vorhanden sind. Dazu gibt es in der Regel auch Vorlagen zum Nachbauen, sowie das Spiel „Make'n Break".

Tipps für die Elternarbeit

Falls Sie vermuten, dass ein Kind eine visuelle Wahrnehmungsschwäche hat und die Eltern ermuntern, aktiv zu werden, sollten Sie Ihnen auch deutlich machen, dass sie nicht warten müssen, bis eine Untersuchung erfolgt ist.

Die visuelle Wahrnehmung kann in der Familie gut nebenher gefördert werden. Jede Erfahrung aus dem Alltag, vom Backen bis zum Kneten, hilft dem Kind, die Verknüpfung zwischen Auge und Hand bzw. Finger zu trainieren. Selbst das Aufräumen der Knopfdose oder der Schachtel mit Nägeln vermittelt die Erkenntnis, dass ein Knopf gleich bleibt, auch wenn er sich in der Dose gedreht hat.

Regen Sie die Eltern an, mit ihren Kindern zu puzzeln, Häuser, Autos oder Flugzeuge aus Bausteinen nach Vorgaben zu bauen oder für den nächsten Geburtstag Einladungen zu basteln.

Weitere Fördermöglichkeiten

Ein Kind mit einer visuellen Wahrnehmungsstörung benötigt unter Umständen über die Förderung in der Kita und im Elternhaus hinaus eine gezielte Unterstützung. Diese findet in der Regel im Rahmen einer Ergotherapie statt. Am Anfang der Ergotherapie stehen ein Elterngespräch, eine Beobachtung des Kindes und ein Testverfahren.

Die Ergotherapie wird in der Regel vom Kinderarzt verschrieben und von der Krankenkasse übernommen.

Hilfreiche Literatur zur Wahrnehmungsförderung

- Andrea Erkert: Die 50 besten Wahrnehmungsspiele, München 2008
- Jutta Bläsius: Drei Minuten für alle Sinne, München 2010
- Charmaine Liebertz: Spielekartei Wahrnehmung, Konzentration, Entspannung, Pädagogische Schatzbriefe, München 2008

AUDITIVE WAHRNEHMUNG

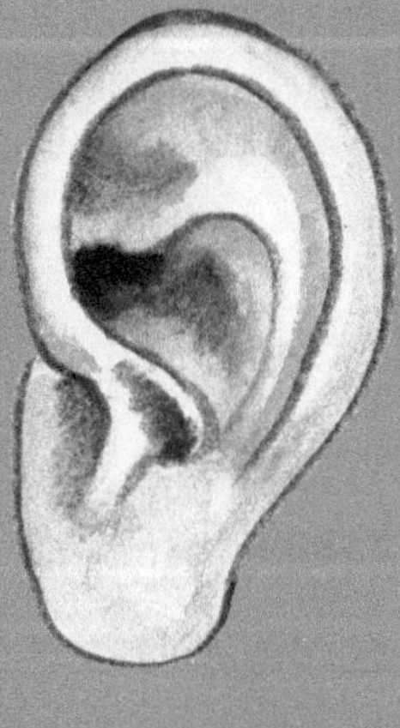

Welche Fähigkeiten beinhaltet die auditive Wahrnehmung?

Die auditive Wahrnehmung bezeichnet die Verarbeitung von gehörten Informationen und Geräuschen, genauer gesagt von Schall im Gehirn. Sie setzt das so genannte periphere Hören voraus, so bezeichnen Experten die Funktionsfähigkeit des Ohres. Es wird davon ausgegangen, dass 2 bis 3 % der Kinder nach dem 6. Lebensjahr in der auditiven Wahrnehmung gestört sind, das macht sich vor allem in der Entwicklung der Laut- und Schriftsprache bemerkbar, aber auch in der Kommunikation im Alltag.

Wie die visuelle Wahrnehmung umfasst auch die auditive Wahrnehmung verschiedene Einzelfähigkeiten, die im Zusammenspiel wirken, um eine Stimme oder ein Geräusch optimal zu verarbeiten. Im Gegensatz zur visuellen Wahrnehmung sind diese Fähigkeiten jedoch nicht eindeutig definiert, es gibt unterschiedliche Bezeichnungen, die unter Umständen zu Verwirrung führen:

- auditive Aufmerksamkeit (auch: auditive Identifikation)
- auditive Figur-Grund-Diskrimination (Figur-Grund-Wahrnehmung)
- auditive Lokalisation
- auditive Differenzierung (auch: auditive Diskrimination)
- auditive Gliederung (auch: auditive Serialität)
- auditive Speicherung

Auditive Aufmerksamkeit

Die Grundfähigkeit ist die auditive Aufmerksamkeit, auch auditive Identifikation genannt, bei der Ohr und Gehirn im Zusammenspiel erkennen, dass ein Geräusch auftritt. Das kann eine Stimme sein, das Fahrgeräusch eines Autos oder eine Türklingel. Im ersten Schritt muss das Kind erkennen, dass ein Geräusch vorhanden ist. Die auditive Aufmerk-

samkeit ist die Voraussetzung dafür, dass ein Kind kommunizieren kann. Wenn es nicht wahrnimmt, dass es angesprochen wird, kann es auch nicht reagieren.

Auditive Figur-Grund-Diskrimination

Eng verbunden mit der auditiven Aufmerksamkeit ist die auditive Figur-Grund-Diskrimination bzw. Figur-Grund-Wahrnehmung. Ähnlich wie bei der visuellen Figur-Grund-Wahrnehmung geht es hier darum, aus vielen Geräuschen und Stimmen das Geräusch herauszufiltern, das gerade wichtig ist. Kinder mit diesem Problem fallen bereits im Kindergarten auf, wenn sie trotz direkter Ansprache durch die Erzieherin nicht reagieren. Das wird oftmals mit Trotz gleichgesetzt, was sicher nicht auszuschließen ist. Es ist aber auch möglich, dass das Kind nicht in der Lage ist, die Stimme der Erzieherinnen aus den Stimmen der Kinder herauszufiltern. Dass Kinder mit solchen Schwierigkeiten in der Schule Probleme bekommen, wo eine Antwort bzw. eine falsche oder fehlende Antwort auch noch benotet wird, liegt auf der Hand.

Auditive Lokalisation

Wichtig für die Verarbeitung des Gehörten ist auch die so genannte auditive Lokalisation. Sie bezeichnet die Fähigkeit, die Richtung und die Entfernung eines Geräusches oder einer Stimme einzuschätzen. Dies ist in Kita und Schule nötig, noch vielmehr aber im Alltag, z. B. im Straßenverkehr, wo es gilt, die Richtung und Entfernung eines Autos anhand des Fahrgeräusches abzuschätzen.

Auditive Differenzierung

Einen entscheidenden Beitrag zum Lernerfolg in Elternhaus, Kita und Schule leistet die auditive Differenzierung, auch auditive Diskrimination genannt. Sie ist verantwortlich dafür, dass ein Kind Geräusche unterscheiden kann, also z. B. verschiedene Anlaute erkennt, Reimwörter auseinander halten sowie die Länge, Höhe und Lautstärke eines Tons von einem anderen unterscheiden kann. Diese Fähigkeit ist bedeutsam für die Laut-Buchstaben-Zuordnung, der wichtigsten Grundlage für das Lesen und Schreiben. Ein Kind, für das ein „i" wie ein „ü" klingt oder ein „ch" wie ein „sch", hat Schwierigkeiten, einen Text zu verstehen und selbst verständlich zu schreiben.

Auditive Gliederung

Schließlich gehört die **auditive Gliederung**, häufig auch als auditive Serialität bezeichnet, zu den wichtigen Grundlagen für das Lernen. Darunter wird die Fähigkeit verstanden, die Reihenfolge in einer Klangabfolge zu erkennen, also z. B. einen Anlaut von einem Auslaut oder das Ende eines Wortes in einem gesprochenen Satz vom nächsten Wort zu unterscheiden. Es ist eben nicht gleichgültig, ob z. B. von „... mitfahren, den Bussen" oder „mit fahrenden Bussen" gesprochen wird. Eine Störung in diesem Bereich fällt bereits vor der Einschulung in Familie oder Kita auf, da Kinder Sätze oftmals nicht richtig verstehen und wiedergeben können.

Auditive Speicherung

Als Teil der auditiven Wahrnehmung wird meist auch die **auditive Speicherung**, also die Fähigkeit, sich Gehörtes zu merken, angesehen. Dieser Bereich wird im Kapitel „Merkfähigkeit" (Seite 69) aufgegriffen, da die Merkfähigkeit eine der wesentlichen Voraussetzungen für den Lernerfolg in Kita und Schule ist.

Wie erkenne ich Probleme und Auffälligkeiten?

Anzeichen im Alltag

Während visuelle Wahrnehmungsstörungen oft erst erkannt werden (können), wenn das Kind beginnt zu malen oder über Gesehenes zu berichten, werden Störungen in der auditiven Wahrnehmung schon früher deutlich. Oftmals werden sie jedoch nicht als solche wahrgenommen, weil sie als fehlende Aufmerksamkeit oder als Trotz interpretiert werden oder weil es aus Zeitmangel gar nicht auffällt, dass ein Kind eine Anweisung anders erledigt, als es sie erhalten hat. Wichtig ist hier, die Aufmerksamkeit zu schärfen und nachzufragen, wenn ein Kind nicht das tut, was gesagt wurde oder etwas anderes nacherzählt, als berichtet wurde. Auch hier gilt: Einzelne Anzeichen können aus der Situation heraus als auffällig erscheinen, weil das Kind auf sich aufmerksam machen möchte oder weil es absichtlich etwas Falsches macht, und müssen dann nicht auf eine Störung hindeuten. Treten jedoch mehrere der Symptome häufiger auf, sollte unbedingt eine Überprüfung durch einen Kinderarzt oder Spezialisten erfolgen.

Beim Spielen oder Basteln

- Das Kind klagt über Lärm, obwohl die Geräuschkulisse nicht übermäßig laut ist.
- Das Kind kann nicht sagen, woher ein Geräusch kommt oder aus welcher Richtung es gerufen wird.
- Das Kind kann sich mündliche Anweisungen nicht merken, fragt öfter nach und macht oft nur das, was die anderen Kinder tun.
- Das Kind kann unter vielen Geräuschen nicht das für ihn wichtige, z. B. eine Spielanleitung oder eine Bitte, herausfiltern.
- Bei Spielen wie „Koffer packen" kann das Kind sich die Reihenfolge der Gegenstände nicht merken.
- Das Kind kann bei Spielen wie „Blinde Kuh" und „Topfschlagen" nicht erkennen, woher Stimmen oder Geräusche kommen.

Beim Vorlesen oder Sprechen

- Das Kind verwechselt ähnliche Laute (z. B. i und ü oder a und o), Wörter (z. B. Haus und Maus) oder Geräusche (z. B. Staubsauger und Mixer).
- Das Kind kann sich Sätze, Lieder oder Reime nicht merken und Zungenbrecher nur schwer oder gar nicht nachsprechen.
- Das Kind nimmt das Gehörte nicht wahr, wenn im Hintergrund Geräusche sind, z. B. andere Kinder, Musik, Autogeräusch.
- Das Kind versteht auch im direkten Gespräch kaum etwas, wenn das Gegenüber schnell, leise oder undeutlich spricht.
- Das Kind kann unbekannte Wörter oder Buchstabenkombinationen auch im Vorschulalter noch nicht ohne Probleme nachsprechen.
- Das Kind kann keine Geschichte, keinen Witz o. Ä. nacherzählen.
- Das Kind verliert schnell das Interesse an längeren Geschichten, weil es den Anfang oder Zusammenhang schon vergessen hat.

Beim Laufen oder Spielen im Freien

- Das Kind kann die Stimmen auch enger Freunde auf dem Spielplatz nicht unterscheiden.
- Das Kind kann die Richtung eines Geräusches, das sich bewegt, z. B. eines Motorrades, nicht verfolgen
- Das Kind erkennt Warngeräusche, z. B. den Gong, nicht.
- Das Kind meidet Umgebungen mit vielen unterschiedlichen Reizen, z. B. Einkaufszentrum, Bahnhof, Kindergarten.

Diagnosemöglichkeiten und Testverfahren

Zur Überprüfung einer auditiven Wahrnehmungsstörung gibt es verschiedene standardisierte Tests, die dabei helfen, die Fähigkeiten des Kindes an den Fähigkeiten Gleichaltriger zu messen. Zu den gängigsten Diagnoseverfahren gehören:

- ✔ PET (Psycholinguistischer Entwicklungstest): Mithilfe dieses Tests, der für Kinder von 3 bis 10 Jahren entwickelt wurde, können die auditiven Fähigkeiten der Kinder ermittelt werden, dazu gibt es Aufgaben wie Wortverständnis, Gegenstände beschreiben, Bilder zuordnen, Bilder deuten.
- ✔ HSET (Heidelberger Sprachentwicklungstest): Bei diesem Test liegt der Schwerpunkt nicht alleine bei der auditiven Wahrnehmung, darüber hinaus wird auch die Sprachentwicklung überprüft.
- ✔ HVS (Heidelberger Vorschulscreening zur auditiv-kinästhetischen Wahrnehmung und Sprachverarbeitung): Dieser Test wurde für Kinder von 5 bis 7 Jahren entwickelt, er stellt die Fähigkeiten bzw. Störungen der Kinder mit Aufgaben zur Anlautanalyse, zum Silben oder Reimwörter erkennen etc. fest.
- ✔ LUT (Lautunterscheidungstest für Vorschulkinder): Mit diesem Test werden Kinder von 4 bis 7 Jahren getestet, er liegt in zwei Fassungen vor und überprüft die Lautunterscheidungsleistung. Dazu gibt es eine Testkassette und ein Testheft, in dem Kinder Antworten anstreichen.

Fördermöglichkeiten in der Kita

Schon allein dadurch, dass Sie mit den Kindern in Ihrer Einrichtung kommunizieren, fördern Sie die auditive Wahrnehmung. Jedes Mal, wenn Sie ein Kind ansprechen oder auf dem Spielplatz rufen, trainiert es z. B. seine Wahrnehmung, aus welcher Richtung die Stimme kommt. Es muss unter Umständen unterscheiden, ob Kevin, Kerim oder Karin gerufen wurde und ob die Stimme überhaupt zu seiner Erzieherin gehört oder ob nicht etwa das Kind mit dem gleichen Namen aus der anderen Gruppe gemeint ist.

Auch durch die Anweisungen beim Basteln, das Vorlesen und die Gespräche im Stuhlkreis unterstützen Sie ein Kind mit auditiven Wahrnehmungsproblemen dabei, seine Fähigkeit zu verbessern. Allerdings werden Sie auch immer wieder mit den Folgen der auditiven Wahrnehmungsstörung kämpfen müssen, wenn das Kind Ihre Erklärung nicht oder nur halb versteht oder wenn es nicht erkennt, dass Sie es ansprechen. Wo immer möglich sollten Sie das Kind Ihre Anweisung wiederholen lassen, damit es sich angewöhnt, genau hinzuhören und die Anweisung im Kopf noch einmal zu durchdenken.

Sobald Ihnen solche Anzeichen, wie Sie oben beschrieben wurden, auffallen, sollten Sie genauer hinschauen bzw. hinhören und ggf. die Eltern ermuntern, die auditive Wahrnehmung überprüfen zu lassen. Doch bis das Ergebnis eines Tests vorliegt, können Sie die auditive Wahrnehmung des Kindes bereits herausfordern. Dazu gibt es Spiele und Übungen, die alle Kinder in ihrer Entwicklung fördern, weil sie die auditive Wahrnehmung schärfen. Selbstverständlich können Sie diese Übungen auch mit einer kleinen Gruppe von Kindern durchführen, die Sie konkret in dem Bereich fördern möchten.

Zu den klassischen Spielen, bei denen das Gehör und die auditive Wahrnehmung geschult werden, gehören „Stille Post“, bei dem ein Wort flüsternd von einem Spieler zum nächsten weitergegeben wird, und „Koffer packen“, bei dem reihum Gegenstände genannt werden, die in einen Koffer kommen und bei denen die vorher genannten Gegenstände in der richtigen Reihenfolge aufgezählt werden müssen. Darüber hinaus bieten sich z. B. auch folgenden Spiele bzw. Übungen an:

Hütchenspiel

Bei diesem Hütchenspiel handelt es sich um eine Variante des verbotenen Glücksspiels. Die einzige Gemeinsamkeit: Es gibt ebenfalls drei gleich aussehende Becher, z. B. undurchsichtige Kunststofftrinkbecher. Außerdem gibt es ca. zehn verschiedene Dinge, die Geräusche machen, z. B. eine Murmel, eine Perle, ein Legostein etc.
In der ersten Runde wird jeder Gegenstand einmal unter den Becher gelegt und der Becher wird geschüttelt, aber so, dass er nicht angehoben wird.
In der nächsten Runde wählt die Erzieherin drei Gegenstände aus und legt sie unter die Becher. Sie schiebt die Becher mehrmals durcheinander. Dann schüttelt sie einen der Becher und die Kinder müssen erraten, welcher der Gegenstände sich darunter befindet. Jedes Kind darf einen Tipp abgeben, erst dann wird nachgeschaut.
Dieses Spiel lässt sich ohne großen Aufwand spielen und kann auch Eltern gut als Tipp für einen Kinder- oder sogar Erwachsenengeburtstag empfohlen werden.

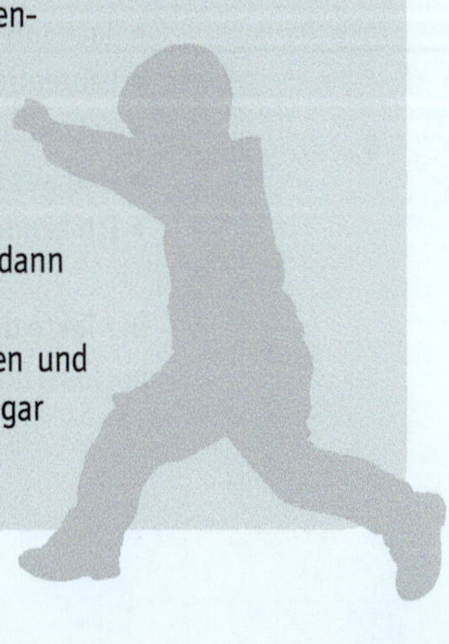

Spiellieder

Kennen Sie aus Ihrer Ausbildung oder Kindheit noch die so genannte Spiellieder, bei denen Wörter in einem Lied durch Bewegungen ersetzt werden müssen? Falls Sie sie noch nicht in Ihrer Gruppe einsetzen, lohnt es sich, die Texte und Noten wieder hervorzuholen. Diese Lieder eignen sich besonders zum Training der Ohr-Hand- oder Ohr-Fuß-Koordination.

Das vermutlich älteste dieser Lieder ist „Mein Hut, der hat drei Ecken“. Bei jedem Singen des Textes wird ein Wort durch eine Handbewegung ersetzt:
Mein = auf sich selbst zeigen
Hut = auf den Kopf klopfen
der = erhobenen Zeigefinger zeigen
hat = in die Hände klatschen (als hätte man eine Fliege gefangen)
drei = drei Finger hochhalten
Ecken = die Hände in einem rechten Winkel zueinander halten
nicht = Kopfschütteln

Weitere Spiellieder, bei denen die Kinder entweder den ganzen Körper, die Hände oder die Füße bewegen müssen, sind:

- Was müssen das für Bäume sein?
- Ein kleiner Matrose
- Siebensprung
- Das Taubenhaus
- Dornröschen war ein schönes Kind
- U Gonni Gonni Ssa
- Wer will fleißige Handwerker sehn?
- Jack saß in der Küche mit Tina
- Laurentia, liebe Laurentia mein
- Katzentatzentanz
- Und wer im Januar geboren ist
- Ich kenne einen Cowboy

Die Texte und Noten finden sich in den meisten gängigen Liederbüchern und im Internet.

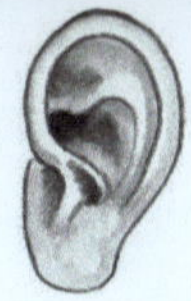

Kommando Pimperle & Co.

Einige klassische Spiele aus dem Kindergarten oder aus Kinderfreizeiten eignen sich hervorragend, um die Figur-Grund-Wahrnehmung und andere auditive Fähigkeiten zu fördern.
Bei dem Spiel „Kommando Pimperle“ sitzen alle Mitspieler um einen Tisch herum. Sie trommeln mit den Zeigefingern auf den Tisch. Ein Spieler darf jeweils das nächste Kommando bestimmen, bei dem die Hände eine andere Bewegung machen müssen. Der Fantasie der Kinder sind keine Grenzen gesetzt, aber die Kommandos müssen für alle verständlich sein, z. B.:

- Kommando hoch = alle Hände gehen in die Höhe
- Kommando flach = alle Hände liegen flach auf dem Tisch
- Kommando Faust = alle Hände schlagen zu Fäusten geballt auf den Tisch

Es gilt jedoch genau hinzuhören, was gesagt wird. Das Kommando darf nämlich nur ausgeführt werden, wenn der Kommando-Geber auch das Wort „Kommando“ gesagt hat. Sagt er nur „flach“ müssen die Kinder weiter mit dem Finger auf den Tisch trommeln.

Ähnlich wie „Kommando Pimperle“ wird auch das Spiel „Alle Vögel fliegen hoch“ gespielt. Wieder sitzen die Kinder im Stuhlkreis. Ein Spieler ist der Ansager, ruft er „Alle Vögel fliegen hoch“, müssen die Kinder ihre Arme heben. Nennt er jedoch ein Tier, das gar nicht fliegen kann, z. B. „Alle Fische fliegen hoch“, müssen die Arme unten bleiben. Bei diesem Spiel müssen die akustischen Signale nicht nur identifiziert, sondern auch entschlüsselt und in Handlungen umgesetzt werden – nicht nur für Kinder mit einer auditiven Wahrnehmungsschwäche eine echte Herausforderung!

Wenn Sie im Schatz Ihrer Bewegungsspiele kramen, werden Ihnen sicher weitere Spiele begegnen, bei denen die Spieler auf ein Geräusch hören müssen, um etwas zu tun und sei es nur „Der Plumpsack geht um“ oder „Mäuschen, piep einmal“.

Geräusche-Memory

Ein Geräusche-Memory, manchmal auch als Hör-Memory bezeichnet, besteht aus Dosenpaaren, in denen sich Materialien befinden, die verschiedene Geräusche erzeugen, z. B. Erbsen oder Reiskörner.
Diese Memorys sind bei Anbietern von Kindergartenbedarf erhältlich, aber auch gut selbst herzustellen. Dafür benötigen Sie lediglich eine gerade Anzahl kleiner undurchsichtiger Dosen und Materialien, die Geräusch erzeugen.
Sammeln oder kaufen Sie leere Kunststoff- oder Blechdosen, die nicht durchsichtig sind! Die Dosen können bunt gemischt sein und vor allem müssen nicht von jeder Dose zwei vorhanden sein. So kann sich kaum ein Kind merken, welche Dosen die gleichen Geräusche machen.

Füllen Sie je zwei Dosen mit den gleichen Materialien, z. B. Salz oder Zucker, Erbsen, Reis, Büroklammern, Knöpfe, Perlen, Nägel, Geldstücke. Zum Spielen werden die Dosen zwischen die Spieler gestellt. Nacheinander darf nun jedes Kind zwei Dosen schütteln und lauschen, ob sie sich gleich anhören oder nicht. Wer ein Paar gefunden hat, darf sich die Dosen nehmen.
Ein Tipp: Kleben Sie unter die Dosen kleine Zettel mit dem Inhalt der Dose, damit Sie sie nicht jedes Mal öffnen müssen, um zu überprüfen, was darin ist.

Tipps für die Elternarbeit

Die genannten Spiele können Sie natürlich auch Eltern empfehlen, die die auditive Wahrnehmung ihres Kindes fördern möchten. Auch wenn ein Kind einmal wöchentlich eine logopädische Förderung erhält, reicht dies alleine nicht aus, um seine Fähigkeiten zu verbessern. Hier ist auch das Elternhaus gefordert. Regen Sie die Eltern an, sich an Bewegungsspiele und Spiellieder aus ihrer Kindheit zu erinnern. Daran haben üblicherweise alle viel Spaß und die vermeintliche Förderung wird zu einer lustigen Unterhaltung für die ganze Familie.

Darüber hinaus sollten Sie den Eltern empfehlen, Hintergrundgeräusche in der Wohnung soweit wie möglich zu reduzieren. Auch wenn das Kind lernen muss, eine Stimme oder ein Geräusch in einem Geräuschdurcheinander zu erkennen, so muss es doch zunächst einmal trainieren, Geräusche und Stimmen zu unterscheiden. Wenn dann im Hintergrund der Fernseher oder die Stereoanlage läuft, fällt ihm das besonders schwer.

Weisen Sie die Eltern darauf hin, dass es am besten ist, wenn das Kind eine Anweisung wiederholt. Damit finden sie einerseits heraus, ob das Kind alles verstanden und richtig aufgenommen hat, andererseits trainiert das Kind auf diese Weise, Gehörtes bewusst zu verarbeiten.

Die wichtigste Förderung, die Eltern ihren Kindern bieten können, ist die Sprache. Hier haben Sie nur wenig Einflussmöglichkeit, doch erklären Sie den Eltern, dass die auditive Wahrnehmung wie andere Fähigkeiten trainiert werden muss und je mehr ein Kind hört und verarbeiten muss, umso besser wird es mit der Zeit.

Weitere Fördermöglichkeiten

Falls der Verdacht auf eine auditive Wahrnehmungsstörung besteht, sind der Kinderarzt bzw. ein Logopäde die erste Anlaufstelle, da ein ausführlicher Test erforderlich ist, mit dem die oben beschriebenen Fähigkeiten überprüft werden. Die Förderung durch einen Logopäden wird meist von der Krankenkasse übernommen, wenn eine Überweisung durch den Kinderarzt vorliegt.

Es gibt außerhalb der logopädischen Praxen viele Anbieter von Förderungen bei auditiver Wahrnehmungsstörung, die nach speziell entwickelten Methoden arbeiten. Für keine dieser Methoden liegen wissenschaftliche Studien vor, die die Wirkung bestätigen, auch wenn Eltern von Erfolgen im Einzelfall berichten. Sie sollten auf solche Empfehlungen verzichten und lediglich an den Kinderarzt bzw. einen Logopäden verweisen.

Hilfreiche Literatur zur Förderung der auditiven Wahrnehmung

- Dorothee Kreusch-Jacob: Klangwerkstatt für Kinder, München 2008[5]
- Waltraud Herdtweck: Die Rhythmikwerkstatt, München 2005[2]
- Bettina Scheer / Elke Gulden: Das große Kita-Bildungsbuch Musik, Rhythmus & Klang, München 2008
- Bettina Scheer / Elke Gulden: Musikstopp-Spiele. Bewegungsspaß in Kita und Grundschule, München 2009[4]
- Elisabeth Wagner: Im klingenden Märchenwald, München 2009

FEIN- UND GRAPHOMOTORIK

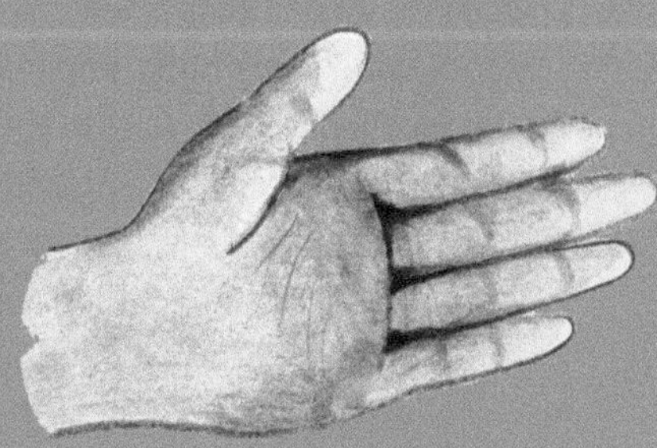

Welche Fähigkeiten beinhalten Fein- und Graphomotorik?

Die motorischen, also bewegungsbezogenen, Fähigkeiten werden aufgegliedert in zwei große Bereiche: Die Grobmotorik umfasst die gezielte Steuerung des gesamten Körpers, mit dem Begriff Feinmotorik werden die gezielten Bewegungen einzelner Körperteile bezeichnet. Zur Feinmotorik gehört auch die so genannte Graphomotorik, das ist die Fähigkeit zum Schreiben. Auch Störungen in der motorischen Entwicklung können Lernprobleme verursachen. So ist inzwischen bekannt, dass Kinder, die sich wenig bewegen und damit selten oder gar keine Erfahrungen mit Räumen und Entfernungen machen, Probleme im Mathematikunterricht bekommen können.

Solche Störungen fallen meist erst während der Schulzeit auf, während Schwächen in der Fein- und Graphomotorik sich in der Regel bereits im Kindergartenalter zeigen.

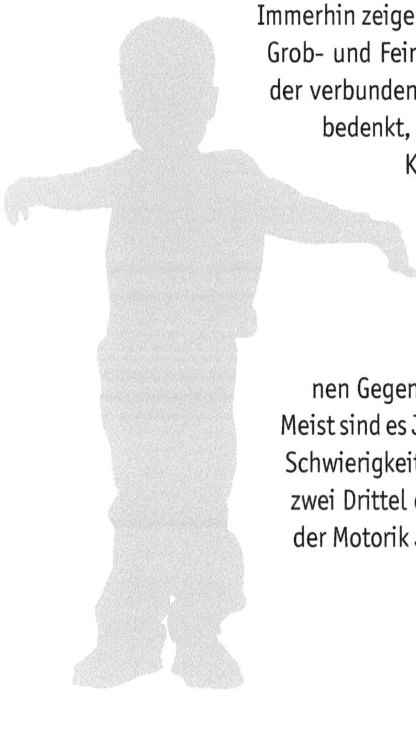

Immerhin zeigen etwa 5 % der Vorschulkinder Auffälligkeiten in der Grob- und Feinmotorik, wobei häufig beide Störungen miteinander verbunden sind. Das ist auch nicht verwunderlich, wenn man bedenkt, welche Fähigkeiten nötig sind, um zu schreiben: Das Kind muss seinen Körper stabil halten und darf nicht ständig hin- und herwippen, es muss außerdem noch Schulter, Arm, Hand und Finger koordinieren und gezielt bewegen. Dennoch gibt es auch Kinder, die lediglich Schwierigkeiten in der Feinmotorik haben, z. B. wenn sie einen kleinen Gegenstand aufheben oder eine Jacke zuknöpfen sollen. Meist sind es Jungen, die mit solchen oder ähnlichen motorischen Schwierigkeiten auffallen. Untersuchungen haben gezeigt, dass zwei Drittel der Vorschulkinder mit Entwicklungsrückständen in der Motorik Jungen sind.

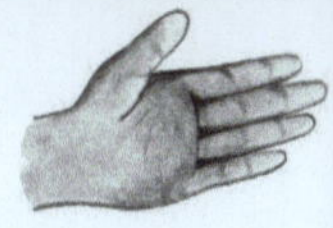

Wie erkenne ich Probleme und Auffälligkeiten?

Anzeichen im Alltag

Da in einer Kindergruppe in der Regel eher die Kinder auffallen, die sich viel bewegen, fallen motorische Störungen oft nicht sofort auf. Kinder, die hier Schwierigkeiten haben, vermeiden es meist, sich zu bewegen, zu rennen, zu malen o. Ä. Da Kinder ansonsten meist gerne rennen und malen, sollte ein Rückzug bereits Ihre Aufmerksamkeit wecken. Möglicherweise werden Sie dann auch auf weitere der folgenden Anzeichen aufmerksam. Sollte das der Fall sein, ist es sinnvoll, sich mit den Eltern über deren Eindruck auszutauschen und ggf. eine Überprüfung beim Kinderarzt anzuregen. Das gilt nicht nur, aber vor allem für Kinder im Jahr vor der Einschulung. Der Schulfähigkeitstest überprüft u. a. auch motorische Fähigkeiten, sodass eine frühzeitige Kontrolle durch den Kinderarzt dem Kind eine Enttäuschung bei dem amtlichen Verfahren ersparen kann.

Im Spiel und Alltag

- Das Kind vermeidet kleine Bausteine und spielt noch lange mit den größeren Bausteinen für Kleinkinder.
- Das Kind lässt häufig gerade kleine Gegenstände fallen oder kann sie nicht annehmen, wenn sie ihm gereicht werden, z. B. ein kleines Apfelstück.
- Das Kind isst nur mit dem Löffel und schafft es nicht, mit der Gabel zu essen oder sich selbst ein Brot zu streichen.
- Das Kind hat Probleme, seine Jacke anzuziehen und den Reißverschluss oder die Knöpfe zu schließen.
- Das Kind erobert ein Spielgerät und bleibt dort sitzen, während die anderen Kinder die Geräte wechseln oder herumlaufen.
- Das Kind läuft häufig gegen andere Kinder oder Gegenstände, obwohl es sie sieht.
- Das Kind hüpft nicht, spielt z. B. bei Gummitwist, Seilchen springen oder Hüpfkästchen oder anderen Bewegungsspielen nicht oder nur widerwillig mit.

Beim Basteln und Malen

- Das Kind malt nicht gerne mit Stiften oder Pinseln und weicht stattdessen auch im Vorschulalter noch auf Fingerfarbe oder Wachsmalkreide aus.
- Die Bilder des Kindes wirken ungelenk, es zeichnet vor allem großflächig und verzichtet auf kleine Dinge wie Blumen, Vögel etc.
- Das Kind tut sich schwer, beim Ausschneiden halbwegs auf der Linie zu bleiben.
- Wenn das Kind doch mal einen Stift in die Hand nimmt, hält es ihn sehr steif.
- Das Kind beherrscht auch im Vorschulalter den Drei-Punkte-Griff, auch Zangengriff genannt, noch nicht und malt sogar noch mit dem Stift in der Faust.
- Das Kind versucht sich vor dem Basteln zu drücken, vor allem, wenn es dabei schneiden, kleben oder reißen muss.

Diagnosemöglichkeiten und Testverfahren

Zur Überprüfung der motorischen Fähigkeiten gibt es eine Vielzahl von Testverfahren, am häufigsten eingesetzt werden folgende:

✔ MOT 4-6 (Motoriktest für 4- bis 6-jährige Kinder): Mit diesem Test werden neben der feinmotorischen Geschicklichkeit auch die gesamtkörperliche Beweglichkeit, die Bewegungsgenauigkeit sowie die Koordinationsfähigkeit überprüft.

✔ GMT (Graphomotorische Testbatterie): Dieser Test wurde speziell für Vorschulkinder von 4 bis 7 Jahren entwickelt, um festzustellen, ob sie Störungen in der Schreibfähigkeit aufzeigen.

✔ HDT (Hand-Dominanz-Test): Dieses Testverfahren wird – in der Regel erst nach der Einschulung – eingesetzt, falls nicht klar ist, ob ein Kind links- oder rechtshändig ist.

Darüber hinaus gibt es einige Testverfahren, in denen die motorische Entwicklung in Verbindung mit der Wahrnehmung oder mit der Schulfähigkeit insgesamt überprüft wird, z. B. der im Kapitel über die visuelle Wahrnehmung erwähnte FEW (siehe Seite 19).

Fördermöglichkeiten in der Kita

Jede Maßnahme, die Bewegung verlangt, hilft einem Kind mit oder ohne motorische Entwicklungsstörung, sich weiterzuentwickeln. Daher sind die Aktionen und Projekte, die in Ihrer Kita ohnehin durchgeführt werden wie Basteln, Bauen, Turnen, auf dem Spielplatz Herumtollen wichtig. Viele Kinder haben im Bereich der Fein- oder Graphomotorik auch deshalb Schwächen, weil ihnen diese Grunderfahrungen fehlen.

Da es gerade für die Bereiche Geschicklichkeit eine Vielzahl von Möglichkeiten gibt, ist es hier nicht möglich, alle aufzuzählen. Die Hinweise können Sie lediglich anregen, Ihren eigenen Schatz an Erfahrungen und Methoden mit Blick auf die Förderung der motorischen Entwicklung zu prüfen. Dabei sollten Sie immer bedenken, dass jede Unterstützung eines einzelnen Kindes allen Kindern zugutekommt, denn in unserer durch Medien und Maschinen bestimmten Zeit kommen klassische Trainingsmöglichkeiten der Fein- oder Graphomotorik wie Malen, Spülen, Nähen o. Ä. oft zu kurz.

Packesel, Yenga, Mikado und andere Balancierspiele

Mit Balancieren ist hier nicht das Ausbalancieren des Körpers auf einem Baumstamm gemeint, sondern das Ausbalancieren von Gegenständen, die aufgetürmt werden. Ob „Packesel", auch Stapelpferd genannt, oder „Yenga", immer gilt es, Steine oder Stäbchen so aufeinanderzustapeln, dass sie nicht herunterfallen. Da sind Konzentration und eine gute Fingerfertigkeit gefragt. Die braucht auch, wer bei „Mikado" gewinnen oder den höchsten Turm aus Spielkarten oder Bierdeckeln bauen möchte. Für diese Spiele benötigen Sie kaum Material und Sie können sie mit einem Kind, einer kleinen oder einer großen Gruppe spielen.

Eine Variante dazu ist der „Turm von Babel". Bei diesem Spiel können Sie endlich die alten Papprollen aus dem Toilettenpapier nutzen, je mehr Sie sammeln, umso besser. Außerdem benötigen Sie Bierdeckel oder Pappkarten. In dem Spiel geht es darum, abwechselnd eine Toilettenpapierrolle und eine Pappkarte aufzuschichten und damit einen möglichst hohen Turm zu bauen. Das Spiel eignet sich als Gruppen- und Mannschaftsspiel.

Falten

Zum Falten benötigen Sie lediglich Papier, das kann Zeitungspapier oder spezielles Faltpapier sein, es sollte jedoch nicht zu dick sein. Für die meisten Faltfiguren ist ein quadratisches Blatt nötig, für manche Figuren aber auch ein rechteckiges Blatt, z. B. für ein Boot oder einen Papierhut. Anders als z. B. beim Knoten von Schnüren (siehe Seite 42) können Sie beim Falten dank der Faltspuren besser nachvollziehen, wo Sie oder die Kinder einen Fehler gemacht haben.

Falls Sie nicht die üblichen Tiere falten möchten, lassen Sie die Kinder doch vor Weihnachten, Ostern oder Muttertag Servietten falten – für jedes Familienmitglied eine. Dafür benötigen Sie lediglich eine Großpackung Servietten und schon kann es losgehen, z. B. mit der Falttechnik für eine Lilie. Auf diese Weise trainieren Sie die Feinmotorik der Kinder und unterstützen die Eltern sogar noch bei der Vorbereitung auf die Festtage.

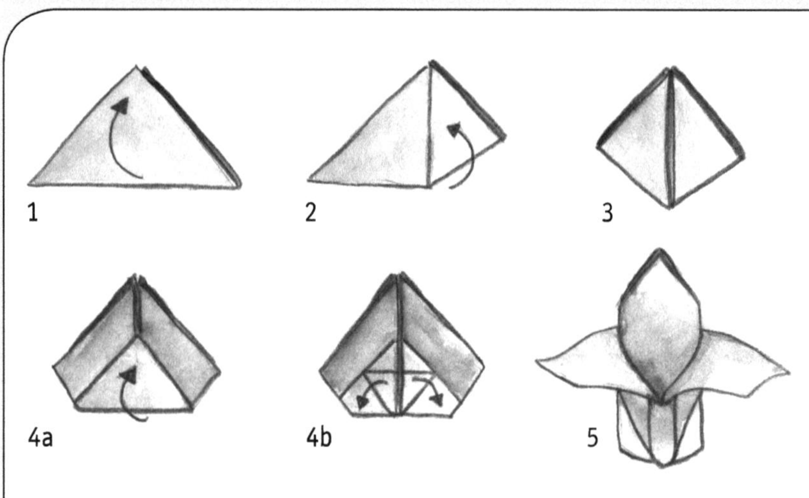

① Es wird von der offenen Serviette ausgegangen. Zuerst die Spitzen diagonal aufeinander falten, sodass ein Dreieck entsteht.

② Dann die rechte Ecke nach oben falten.

③ Ebenso die linke Ecke. Es entsteht wieder ein Quadrat. Diese Form merken Sie sich bitte, Sie brauchen sie noch für die Knospe.

④ Jetzt etwa zwei Drittel der unteren Spitze nach oben falten (4a), und dann die Spitze wieder zur Basis (4b). Achten Sie bitte darauf, dass die Spitze auf keinen Fall übersteht - die Serviette kippt sonst leicht nach hinten weg.

⑥ Nun „nur noch" die Serviette nach hinten zusammenstecken. Wichtig ist, mit einem Ruck und kräftig aufziehen, und die Serviette mit den Händen noch einmal rund nachformen. So bleibt sie stabil. Die oberen Spitzen noch wie in Bild 1 nach links und rechts aufplustern.

Malschablonen

Nachdem sie viele Jahre aus den Kinderzimmern und Spielwarenhandlungen verschwunden waren, tauchen sie in den letzten Jahren wieder auf: die Malschablonen. Dabei handelt es sich um Plastiktafeln, in die Figuren eingestanzt wurden, die die Kinder nachfahren können. Diese simpel erscheinenden Tafeln fordern die Fein- und Graphomotorik der Kinder auf doppelte Weise heraus, zum einen müssen sie mit ihrem Stift dem Rand der Figur folgen. Danach müssen sie jedoch, um ein richtiges Bild zu erstellen, die Tafel so legen, dass z. B. der Baum neben dem Haus steht oder der Reiter auf dem Pferd sitzt. Diese Schablonen sind auch unter dem moderneren Namen „Mandala-Designer" erhältlich, das Prinzip ist jedoch das gleiche.
Eine weitere Möglichkeit zur Schulung der Graphomotorik bietet das Zeichenspiel „Spirograph". Hier handelt es sich um eine Zahnrad-Schablone, in der kleine Zahnräder mithilfe eines Stiftes geführt werden müssen. Daraus entstehen Muster, die sich hervorragend als Glückwunschkarte oder laminiert als Untersetzer nutzen lassen. Das Besondere an diesem Spiel ist, dass die Kinder trainieren, den Schreibschwung zu halten, was vielen Kindern – auch ohne spezielle Entwicklungsstörungen – Probleme bereitet.

Knoten

Seit es Schuhe mit Klettverschluss gibt, lernen Kinder häufig erst in der Schulzeit, Schleifen zu binden und Knoten zu machen – es sei denn, sie gehen schon im Vorschulalter segeln. Dann können sie oft schneller als die erwachsenen Segelschüler einen „Palstek“ oder „Achterknoten“, einen „Kopfschlag“ oder einen „Trompetenknoten“.

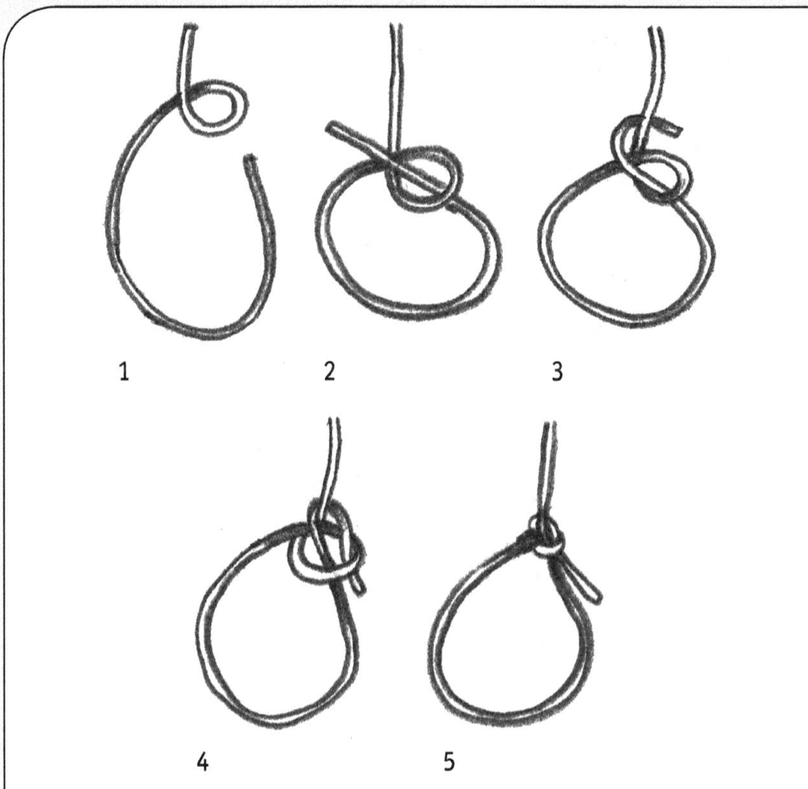

Bringen Sie doch Ihren Kindern den einen oder anderen Knoten bei. Dazu benötigen Sie lediglich eine Schnur und eine Stuhllehne oder einen kleinen Stock. Wenn Sie keine Seglerin sind, bedarf es allerdings zunächst einiger Fingerfertigkeit Ihrerseits, bis Sie sich die Knoten angeeignet haben, doch lohnt sich die Mühe. Die Kinder haben Spaß daran und ihre Fingerfertigkeit wird besonders gefördert. Vielleicht finden Sie in Ihrer Umgebung einen Segellehrer, der den Kindern die Knoten beibringt und ihnen evtl. sogar eine „Affenfaust“ erklärt.

Tipps für die Elternarbeit

Der wichtigste Hinweis, den Sie Eltern geben können, wenn Sie mit ihnen über eine Förderung der Motorik sprechen, heißt: Bewegung. Nicht nur Bewegung in Form eines Spaziergangs, sondern auch Ballspiele, Minigolf, Kricket oder Tischtennis, bei denen alle Körperteile gefordert werden.

Um die Feinmotorik zu trainieren, müssen Eltern keine speziellen Förderstunden einführen, es genügt, wenn sie ihre Kinder in den Alltag einbeziehen, sie den Tisch decken und die Batterien austauschen lassen, sie selbst ein Brot streichen oder das Gemüse schneiden lassen. Ob Teig kneten oder Bettwäsche zuknöpfen, ob Servietten falten oder Wäsche aufhängen – immer wird die Fingerfertigkeit der Kinder trainiert.

Besonders hilfreich ist es, ein Musikinstrument zu lernen oder zu basteln, das kann im Hobbykeller mit Hammer und Nägeln sein, im Wohnzimmer mit Schere und Papier oder mit Wolle und Häkelnadel.

Für diejenigen Kinder, die gar kein Interesse daran zeigen, ihre Finger in Bewegung zu setzen, empfehlen sich Spiele wie Tipp-Kick (Fußball mit Figuren, die einzeln mit dem Finger bedient werden), Finger-Skateboard (kleine Skateboards, die mit den Fingern geführt werden) oder Pen-Spinning (Stift drehen).

Auch ein Zauberkasten mit allerlei Zauberutensilien und Anleitungen für Zaubertricks oder Experimentierkästen für Vorschulkinder ermuntern die Kinder und oftmals die ganze Familie, wieder einmal die Finger in Bewegung zu setzen.

Weitere Fördermöglichkeiten

Ein Kind, das Schwierigkeiten mit seiner Körperkoordination hat, benötigt neben der stetigen Förderung in Elternhaus und Kita unter Umständen weitere Unterstützung. Diese erhält es je nach Ausprägung der motorischen Entwicklungsstörung bei Ergo- oder Physiotherapeuten, Heil- und Motopäden. Sie entwickeln auf der Basis einer ausführlichen Anamnese und Testung einen Förderplan, der neben der Förderung der Bewegung auch die Persönlichkeit des Kindes in den Blick nimmt. Denn vielen Kindern mit motorischen Störungen fehlt das Vertrauen in sich selbst und ein gesundes Selbstwertgefühl, da gerade im Vorschulalter vor allem körperliche Leistungen zählen.

Die Überweisung an einen Spezialisten sollte durch einen Kinderarzt oder ein Sozialpädriatisches Zentrum erfolgen, dann wird sie in der Regel von der Krankenkasse übernommen.

Hilfreiche Literatur zur Förderung der Fein- und Graphomotorik

- Marielle Seitz: Vom Formenzeichnen zum Schreibenlernen. Wahrnehmung, Bewegungskoordination, Feinmotorik und Konzentration, München 2006
- Jutta Bläsius: Drei Minuten Bewegung. Übungen für zwischendurch in Kita und Schule, München 2009[4]

Anleitung und kleine Videos über das Binden von Knoten:

- http://www.wasserwacht-bernau.de/knoten.htm
- www.knotentraining.de
- Carola von Hessel: Das Knotenbuch für Kinder, Kempen 2004

Anleitung zum Falten von Servietten und zum Papierfalten:

- Siglinde Holl: Servietten falten - einfach & wirkungsvoll, Stuttgart 2008
- http://www.roterochs.de/serviettenfalten/knospenserviette.html
- Miyuki Lacza: Origami - Kinderleichte Falt-Idee, Freiburg 2008

SPRACHE

Welche Kompetenzen beinhaltet Sprachfähigkeit?

Sprache ist ein Zusammenspiel verschiedener Bausteine: Die Sprechorgane müssen funktionieren, dazu gehört auch die Fähigkeit, z. B. den Mund richtig zu bewegen, und die Lautfolgen müssen im Gehirn mit Inhalten verbunden werden. Umso erstaunlicher ist es, dass die meisten Kinder diese Fähigkeit entwickeln, ohne dass eine spezielle Förderung erfolgt. Sie lernen sogar grammatisch richtig zu sprechen, ehe sie auch nur eine Stunde Deutschunterricht hatten. Daran wird deutlich, wie komplex das menschliche Gehirn ist und welche Leistungen es vollbringen kann. Diese sind allerdings abhängig von der Umgebung, in der ein Kind aufwächst. Studien haben gezeigt, dass der Wortschatz von Kindern im Jahr vor der Einschulung zwischen zwei- und fünftausend Wörtern liegen kann, die ein Kind bewusst einsetzt.

Sprachstörungen

In den letzten Jahren ist die Sprachentwicklung stärker in den Blickpunkt der Pädagogik gerückt, nachdem deutlich wurde, dass immer mehr Kinder Sprachprobleme aufweisen. Diese lassen sich in fünf Bereiche aufteilen, für die zum Teil spezielle Fördermaßnahmen außerhalb der Kita erforderlich sind:

- Beim so genannten **Poltern** handelt es sich um eine Störung beim Formulieren der Sprache, Sätze werden schnell und undeutlich gesprochen, das Kind lässt Wörter weg oder wiederholt Silben oder Laute.
- Das **Stottern** hingegen deutet auf eine Störung der Sprechmuskulatur, die bei 4 bis 5 % der Kinder auffällt.
- Mit dem Begriff **Dyslalie** (auch Dyslalia oder Stammeln) werden Schwierigkeiten bei der Aussprache bezeichnet, die bis zum 4. Lebensjahr durchaus üblich sind, danach aber zu langfristigen Problemen führen können. Dazu gehören vor allem das Lispeln, das Auslassen von Lauten (das Kind sagt z. B. Necke statt Schnecke) und das Ersetzen von Lauten (hier wird z. B. aus Flasche Flaße).

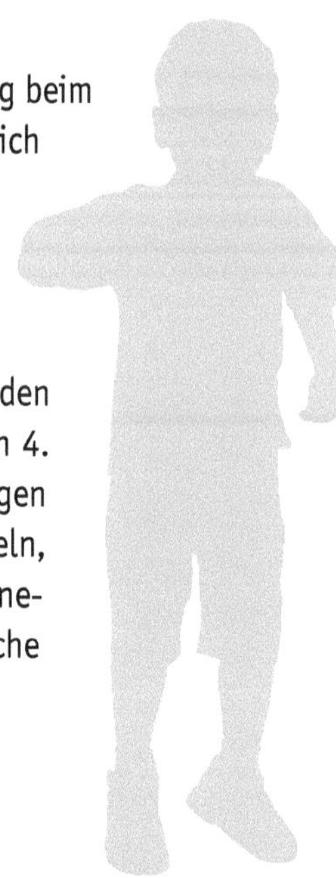

- Manche Kinder haben auch am Übergang zur Schule noch Schwierigkeiten, grammatisch richtig zu sprechen, diese Störung nennt sich **Dysgrammatismus** (auch morphologisch-syntaktische Störung).
- Die **lexikalisch-semantische Störung** wird durch einen eingeschränkten Wortschatz gekennzeichnet, diesen Kindern fehlen entweder Begriffe für bestimmte Dinge oder sie wenden Begriffe falsch an.

Wie erkenne ich Probleme und Auffälligkeiten?

Anzeichen im Alltag

Mit ungefähr sieben Jahren gilt der grundlegende Spracherwerb als abgeschlossen, bis dahin sollten die Kinder deutlich, verständlich, grammatisch richtig und mit einem Wortschatz zwischen drei- und fünftausend Wörter sprechen. Eine Sprachstörung ist selten eindeutig definiert, oftmals kommen mehrere Schwierigkeiten zusammen. Wenn Ihnen bei einem Kind mehrere der folgenden Verhaltensweisen auffallen, sollten Sie daher die Eltern darauf hinweisen:

- Das Kind wird nicht gut verstanden, nicht einmal von Kindern oder Erzieherinnen, die es schon lange kennen.
- Das Kind spricht Laute noch nicht richtig aus, z. B. t statt k.
- Das Kind wiederholt beim Sprechen Silben oder Laute.
- Das Kind stottert oder spricht abgehackt.
- Das Kind lässt Laute weg, z. B. Pange statt Spange.
- Das Kind ersetzt Laute durch andere, z. B. Kirsche statt Kirche.
- Das Kind kann den Inhalt einer Geschichte nicht flüssig wiedergeben.
- Das Kind tut sich schwer, ein Erlebnis so wiederzugeben, dass die anderen es nachvollziehen können.
- Das Kind kann nicht angeben, wann und wo etwas passiert ist.
- Das Kind verwendet Fürwörter nicht richtig, spricht z. B. von „es“, wenn es einen Jungen meint.
- Das Kind versteht Anweisungen nicht.

- Das Kind hat Probleme, auf Fragen passende Antworten zu geben und Fragewörter (wer, wann, wo) richtig einzusetzen.
- Das Kind schweigt die meiste Zeit und beteiligt sich auch nicht mit kleinen Bemerkungen am Gespräch der Kindergruppe.
- Das Kind beugt Verben nicht richtig, z. B. ich spielen, du spielen, wir spiele.
- Die Sätze des Kindes sind unvollständig, es gibt kein Subjekt, z. B. „möchte Saft haben" statt „ich möchte Saft haben".
- Das Kind verwendet beim Erzählen ausschließlich Sätze mit zwei oder drei Wörtern.
- In den Sätzen des Kindes kommen keine Adjektive vor und es kann keine Farben oder ähnliche Eigenschaften benennen.
- Das Kind verwechselt oft Wörter, die ähnliche Dinge bezeichnen, z. B. Stuhl und Sessel, Tasse und Glas.
- Das Kind nutzt wiederholt die falschen Artikel oder lässt sie ganz weg.
- Das Kind verwendet häufig die falsche Mehrzahl (die Hunds).

Bei einigen Anzeichen sollten Sie berücksichtigen, ob es in Ihrer Region eine besondere Lautfärbung oder einen Dialekt gibt und ob das Kind mehrsprachig aufwächst. Ein Kind, das mehrsprachig aufwächst, sollte jedoch mindestens in seiner Muttersprache flüssig, grammatisch richtig und mit einem altersgerechten Wortschatz sprechen. Sprechen Sie Eltern aus mehrsprachigen Familien ggf. darauf an.

Diagnosemöglichkeiten und Testverfahren

Um den Stand der Sprachentwicklung zu überprüfen, werden verschiedene Tests eingesetzt, u. a.:

- ✔ AWST-R (Aktiver Wortschatztest für 3- bis 5-jährige Kinder): Bei diesem Einzeltest müssen Kinder Wörter zu Bildern nennen.
- ✔ HSET (Heidelberger Sprachentwicklungstest): Der HSET wird eingesetzt, um bei 3- bis 9-jährigen Kindern herauszufinden, wie das Verständnis für grammatische Strukturen ist, z. B. Singular und Plural, Satzbildung.
- ✔ KISTE (Kindersprachtest für das Vorschulalter): Der Schwerpunkt dieses Testes liegt in der Wort- und Satzbildung, im Sprachverständnis und im Wortschatz. Er wurde für Kinder von 3 bis 7 Jahren entwickelt.
- ✔ SET 5-10 (Sprachstandstest für 5- bis 10-jährige Kinder): Mit diesem Test werden Sprachverständnis, Sprachproduktion, Grammatik, Merkfähigkeit und Geschwindigkeit der Sprachverarbeitung überprüft.

- ✔ SETK 3-5 (Sprachentwicklungstest für 3- bis 5-jährige Kinder): Mit diesem Text werden die Wege der Sprachverarbeitung und das Gedächtnis für Sprache im Vorschulalter überprüft.
- ✔ SSV (Sprachscreening für das Vorschulalter): Mithilfe dieses Diagnoseverfahrens wird der Stand der Sprachentwicklung von 3- bis 6-Jährigen ermittelt.

Diese Tests werden in der Regel von Sprachtherapeuten, Logopäden, Kinder- und Jugendpsychiatern eingesetzt, wenn der Verdacht besteht, dass die Sprache eines Kindes nicht ausreichend entwickelt ist. Darüber hinaus gibt es Testverfahren, mit denen in manchen Bundesländern alle Kinder eines Jahrgangs getestet werden, in der Regel im Alter von vier Jahren, z. B. der Sprachstandstest DELFIN 4. Mit diesem Verfahren sollen Sprachprobleme möglichst früh erkannt und durch eine spezielle Förderung soweit wie möglich behoben werden.

Fördermöglichkeiten in der Kita

Den wichtigsten Beitrag, den Sie zur Sprachentwicklung der Kinder in Ihrer Einrichtung leisten können, ist, viel und richtig zu sprechen. Selbstverständlich erwartet niemand von Ihnen, perfektes Hochdeutsch zu sprechen und den gesamten deutschen Wortschatz zu nutzen. Aber gerade die Kinder, die in mehrsprachigen Familien aufwachsen, sind oftmals allein auf Ihr Vorbild in der deutschen Sprache angewiesen. Achten Sie daher darauf, dass Sie vollständige und längere Sätze sprechen, wenn Sie mit den Kindern reden, und nutzen Sie, wo es möglich ist, die Artikel.

Gerade für die Sprachförderung gibt es eine Fülle spezieller Programme, die vielleicht schon in Ihrer Kita eingesetzt werden. Wichtig ist: Schaffen Sie Gelegenheiten, in denen die Kinder sprechen dürfen und müssen, von ihren Erlebnissen erzählen, Geschichten erfinden etc. Ermuntern Sie Ihre Kinder doch mit einer der folgenden Anregungen zum Sprechen.

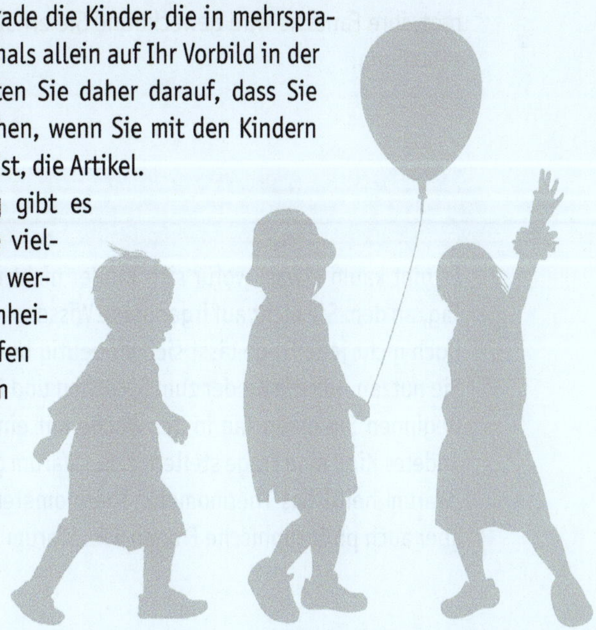

Geschichtenwerkstatt

Eröffnen Sie für Ihre Kinder eine Geschichtenwerkstatt. Dazu benötigen Sie lediglich Papier, einen Stift und die Fantasie und Sprache der Kinder. Vielleicht besorgen Sie auch ein schönes Notizbuch und sammeln darin die Geschichten, die Ihre Kinder im Laufe der Zeit erfinden.
Die Geschichtenwerkstatt unterscheidet sich vom Erzählen im Stuhlkreis dadurch, dass die Kinder sich gemeinsam mit Ihnen eine Geschichte ausdenken und Sie die Geschichte aufschreiben. So können Sie diese den Kindern immer wieder vorlesen, z. B. auch den Kindern, die neu in die Gruppe kommen.

Damit die Geschichte nicht zu chaotisch wird, sollten Sie eine Figur oder eine Situation vorgeben. Möglicherweise entwickeln Sie mit den Kindern ein Gruppenmaskottchen, dem allerlei passiert. Achten Sie darauf, dass alle Kinder zu Wort kommen. Das können Sie am einfachsten sicherstellen, indem die Kinder reihum ihren Teil zur Geschichte beisteuern. Allerdings stört das die Kreativität der Kinder und hemmt sie unter Umständen. Alternativ erhält jedes Kind zu Beginn der Runde ein „Fantasie-Ticket", z. B. in Form eines Puzzleteils. Sobald ein Kind den ersten Beitrag leistet, darf es das Puzzleteil ab- oder anlegen. So sehen Sie schnell, ob alle Kinder bereits einen Beitrag zur Geschichte geleistet haben.

Durch Geschichtenerfinden und -erzählen werden die Kinder zum Sprechen angeregt, ihre Fantasie wird geweckt und Sie erhalten eine einzigartige Geschichtensammlung.

Wöchentliche Fragerunde

Es gibt kaum etwas, wofür sich Kinder nicht interessieren. Es vergeht kaum ein Tag, an dem Sie nicht auf irgendeine Wissens- oder Denkfrage antworten müssen. Doch nicht jede Frage lässt sich eindeutig beantworten. Dieses Dilemma können Sie nutzen, um die Kinder zum Sprechen und Fragen zu ermuntern.
Beginnen Sie einen Tag in der Woche mit einer Fragerunde. Jedes Mal darf ein anderes Kind eine Frage stellen, z. B. „Warum gibt es Jungen und Mädchen?" oder „Warum heißt das Thermometer Thermometer?". Es können Wissensfragen sein, aber auch philosophische Fragen wie „Warum hat Gott keine Frau?".

Vermutlich möchten Sie am liebsten gleich eine Antwort geben, doch geben Sie den Kindern die Chance, selbst Antworten zu finden. Dadurch werden sie angeregt, Dinge zu hinterfragen, Antworten und Fragen zu formulieren und miteinander zu sprechen.
Wenn die Kinder sich an diese Fragerunde gewöhnt haben, werden sie Ihnen vermutlich schon lange vorher Fragen stellen. Schreiben Sie sie auf oder lassen Sie die Kinder ein Bild als Gedächtnisstütze malen. So haben Sie Fragen in Reserve und können sich ggf. sogar darauf vorbereiten.

Tipps für die Elternarbeit

Die Entwicklung der Sprache wird entscheidend geprägt vom Sprachverhalten in der Familie. Das Wichtigste ist daher, dass Sie die Eltern ermuntern, viel mit den Kindern zu sprechen und ruhig schon früh scheinbar unbekannte Begriffe zu benutzen. Auch wenn die Kinder noch keine Bedeutung mit manchen Wörtern verbinden, so speichern Sie das Wort und die Situation, in der es gesagt wurde, und können es beim nächsten Hören einordnen.

Gerade die Sprachförderung fällt Eltern schwer, weil sie dabei unter Umständen ihre eigenen Gewohnheiten ändern müssen. Sie müssen darauf achten, dass vollständige Sätze gesprochen werden, was heute nicht mehr selbstverständlich ist, und sie müssen eventuell auf besonders schwierige regionale Gewohnheiten achten. In manchen Regionen wird das „ch“ wie „sch“ gesprochen, in anderen Regionen wird das „er“ zu „a“ und das „s“ am Wortende zu „t“. Was auf den ersten Blick amüsant erscheint, kann für die Kinder aus der Region bei der Rechtschreibung zu großen Problemen führen.

Auch Eltern, deren Muttersprache nicht Deutsch ist, tun sich schwer, die Sprachförderung ihrer Kinder zu unterstützen, da sie selbst oftmals nicht gut Deutsch sprechen. Diesen Eltern sollten Sie erklären, dass Fernsehen, Computerspiele und DVDs keine Alternative zum Sprechen, zum Erzählen oder Vorlesen sind. Denn der Inhalt von Sprache ist immer auch abhängig vom Klang des Gesprochenen, von den begleitenden Bewegungen, den Blicken und anderen nonverbalen Äußerungen. Nur wenn ein Kind die Situation, in der ein Wort oder ein Satz gesprochen werden, erkennen und nachvollziehen kann, kann es die Bedeutung der Sprache erfassen und das Gehörte selbst richtig anwenden.

Eltern, die sich diese Förderung – aus welchen Gründen auch immer – nicht zutrauen, sollten auf Bilderbücher und Lieder zurückgreifen. Sie können jedes Wort, das ihnen begegnet, ob im Werbeprospekt oder auf der Plakatwand, mit dem Kind hinterfragen und über die Bedeutung nachdenken, überlegen, ob es verwandte Wörter gibt und wo das Wort sonst noch passen könnte. Sie können mit dem Kind Autorenlesungen und Theateraufführungen besuchen, in denen das Kind Sprache mit Menschen verbinden kann und jede Gelegenheit nutzen, in der gesprochen oder erzählt wird.

Wichtig ist, dass den Eltern ihre Bedeutung bei der Sprachentwicklung bewusst wird und sie auf eine vielfältige Sprache achten.

Weitere Fördermöglichkeiten

Der erste Ansprechpartner bei Auffälligkeiten in der Sprachentwicklung sollte der Kinderarzt sein. Er kann am besten entscheiden, welche weiteren Fördermaßnahmen für das Kind sinnvoll sind. Sowohl Sprachtherapeuten als auch Logopäden helfen Kindern dabei, die Sprachentwicklung aufzuholen. Es gibt darüber hinaus auch Hals-Nasen-Ohrenärzte mit einer Zusatzqualifikation zum Phoniater oder Pädaudiologen, die bei manchen Störungen weiterhelfen können.

Hilfreiche Literatur zur Sprachförderung

- Wilma Osuji: Das große Kita-Praxisbuch Sprache und Kommunikation, Alles für sprachkompetente Kinder, München 2009
- Roger Loos / Petra Grannemann: Praxisbuch Spracherwerb, Band 1 bis 3, München 2004–2007
- Charmaine Liebertz / Birgit Schmeling: Spielekartei Sprachförderung. Pädagogische Schatzbriefe, München 2008
- Bettina Scheer / Elke Gulden: Klatsch- und Hüpfspiele. Für Sprachgefühl, Rhythmus und Bewegung, München 2009
- Maria Monschein: Spiele zur Sprachförderung. München: Don Bosco 2005
- Maria Monschein: Die 50 besten Spiele zur Sprachförderung, München 2009[7]
- Antje Suhr: Sätze rollen, Wörter fliegen. Bewegte Sprachförderung in Kita und Grundschule, München 2009[2]
- Heike Tenta: Literacy in der Kita. Ideen und Spiele rund um Sprache und Schrift, München 2009[3]

PHONOLOGISCHE BEWUSSTHEIT

Welche Fähigkeiten beinhaltet Phonologische Bewusstheit?

Die Phonologische Bewusstheit ist ein Teil der Sprachfähigkeit, deren Wichtigkeit für den Schriftspracherwerb erst in den letzten Jahren deutlich wurde. Phonologische Bewusstheit bezeichnet die Fähigkeit, das Bewusstsein auf die Struktur von Wörtern zu lenken.

Die meisten Kinder spielen unbewusst mit Sprache und erkennen so automatisch Gesetzmäßigkeiten. Sie denken sich Reimwörter aus, die es gar nicht gibt, wie etwa „Haus", „Maus", „Kaus", „Daus", oder aber sie suchen Wörter mit dem gleichen Anfangsbuchstaben, z. B. Apfel, acht, Affe, Anna. Diese Fähigkeit ist eine wichtige Voraussetzung für das Lesen und Schreibenlernen und später auch für die Rechtschreibung.

Bei der Fähigkeit der Phonologischen Bewusstheit geht es also darum, sich Gesetzmäßigkeiten der Sprache bewusst zu machen und sie wiederzuerkennen. Dazu gehört auch, sich von dem Inhalt eines Wortes zu lösen und sich nur auf die Sprache zu konzentrieren, also z. B. zu erfassen, dass das Wort „Bus" kürzer ist als das Wort „Regenwurm", obwohl in der Realität ein Bus viel länger ist als ein Regenwurm.

Die Phonologische Bewusstheit umfasst aber auch die Fähigkeit, Laute (Phoneme), Lautkombinationen oder Silben in einem Wort zu erkennen, z. B. den Laut „x" in „Hexe" oder „Taxi", das „sch" in „Tasche" und „wischen".

Im Allgemeinen unterscheidet man zwischen der Phonologischen Bewusstheit im engeren Sinne, sie bezieht sich auf die kleinsten Einheiten der Sprache, die Laute (Phoneme). Diese Fähigkeit entwickeln Kinder meist erst, wenn sie Lesen und Schreiben lernen. Bereits im Vorschulalter eignen sich Kinder – in der Regel von selbst – die Phonologische Bewusstheit im weiteren Sinne an, die oben beschriebene Fähigkeit, Ketten mit gleichen Anlauten oder Reimen zu bilden.

Untersuchungen haben gezeigt, dass nicht alle Kinder diese Fähigkeit entwickeln bzw. ausreichend entwickeln. Viele dieser Kinder fallen in späteren Jahren durch eine Lese-Rechtschreib-Schwäche auf, daher gibt es in vielen Regionen inzwischen eine gezielte Förderung der Phonologischen Bewusstheit durch besondere Programme, vor allem kommt das unten skizzierte Programm „Hören, lauschen, lernen" zum Einsatz.

Wie erkenne ich Probleme und Auffälligkeiten?

Anzeichen im Alltag

Anzeichen für eine unzureichende Entwicklung der Phonologischen Bewusstheit sind im Alltag kaum auszumachen, sie fallen hauptsächlich bei Sprechübungen oder Spielen auf, die im Zusammenhang mit Lauten oder Sprache stehen. Solche Anzeichen sind:

- Ein Kind kann keine Reime erkennen und bilden.
- Ein Kind kann Wörter nicht nach ihrem Anfangslaut sortieren.
- Ein Kind findet keine Wörter zu einem Anfangslaut.
- Das Kind hat kein Rhythmusgefühl.
- Das Kind kann keine Silben klatschen oder gehen.
- Dem Kind gelingt es nicht, vorgegebene Buchstaben in einem Wort zu hören.
- Für das Kind ist es schwer, Bilder einem Laut zuzuordnen.
- Das Kind verspricht sich oft und nutzt einen falschen Anfangslaut.
- Das Kind kann die Länge eines Wortes nicht vom Inhalt des Wortes trennen.

Diagnosemöglichkeiten und Testverfahren

Derzeit wird im Vorschulbereich vor allem das BISC (Das Bielefelder Screening) zur Überprüfung der Phonologischen Bewusstheit eingesetzt. Mit diesem Test, der ab zehn Monate vor der Einschulung eingesetzt werden kann, wird überprüft, welche Elemente der Phonologischen Bewusstheit das Kind beherrscht und wo es Entwicklungsverzögerungen gibt.

Fördermöglichkeiten in der Kita

Die Phonologische Bewusstheit ist eine Fähigkeit, die kaum nebenher gefördert werden kann, schließlich geht es darum, das Bewusstsein der Kinder zu schärfen, was nur durch einen bewussten Umgang mit Sprache möglich ist. Diese Förderung kann durch ein spezielles Programm wie z. B. „Hören, lauschen, lernen“ erfolgen, aber auch durch Spiele und sogar gemeinsame Lieder, die Spaß machen und das Bewusstsein auf Einzelaspekte wie Laute oder Silben lenken.

Bilder-Mau-Mau

Für dieses Spiel benötigen Sie Bildkarten, die etwa die Größe von Spielkarten haben. Sie können sie auch mit den Kinder selbst erstellen, indem die Kinder auf weiße Karteikarten im Format DIN-A7 Bilder malen oder sie mit ausgeschnittenen Bildern aus Katalogen bekleben. Da für jeden Spieler drei Karten benötigt werden und mindestens 10 noch verdeckt auf einem Stapel liegen sollten, ist die Anzahl der Spieler begrenzt auf drei bis fünf Kinder.

Das Spiel wird wie das klassische „Mau-Mau“ gespielt. Eine Karte wird vom Stapel umgedreht und in die Mitte gelegt. Nun gilt es, reihum möglichst schnell alle Karten abzulegen. Bei diesem Spiel geht das nur dann, wenn das Wort zur aufliegenden Karte (z. B. Sand) und das Wort auf der Karte des Kindes (z. B. Hose) einen gemeinsamen Laut haben, in dem Beispiel das „S“. Wer keine passende Karte hat, muss eine Karte vom Stapel ziehen und darf prüfen, ob er sie ablegen kann oder nicht. Danach ist der nächste Spieler an der Reihe. Gewonnen hat, wer als erster keine Karte mehr hat. Da dieses Spiel hohe Anforderungen an die Kinder stellt, wird es im Gegensatz zum klassischen Mau-Mau nur mit drei Karten gespielt.

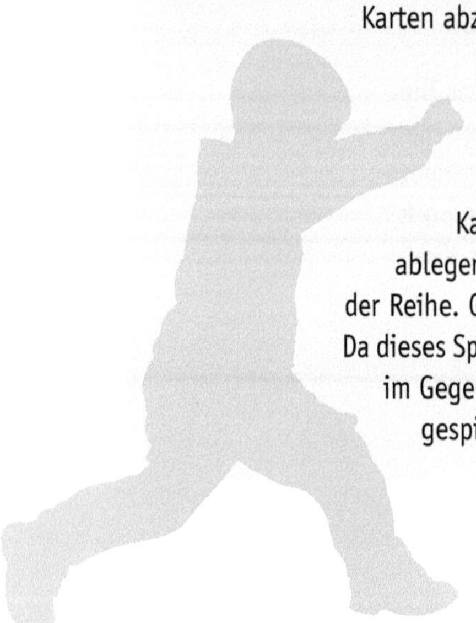

„Hören, lauschen, lernen“

Dieses Programm wurde speziell zur Förderung der Phonologischen Bewusstheit im Vorschulalter entwickelt. Da es in vielen Kitas vorhanden ist, wird es hier nur kurz vorgestellt. Das Programm umfasst sechs Übungseinheiten, die aufeinander aufbauen: Lauschspiele, Reime, Sätze und Wörter, Silben, Anlaute, Phoneme (Laute). Jede Übungseinheit enthält Anregungen für Sing- und Bewegungsspiele sowie Bilder, mit deren Hilfe die Kinder einen Einblick in die Sprachstruktur bekommen.

Laut-Lieder

Einige Kinderlieder fördern ganz nebenbei das Bewusstsein für die Struktur der Sprache, indem Laute ausgetauscht oder weggelassen werden müssen. Falls Sie sie noch nicht in Ihrer Arbeit einsetzen, spielen und singen Sie sie doch wieder einmal mit Ihren Kindern:

- „Drei Chinesen mit dem Kontrabass“: Bei diesem Lied werden in jeder Strophe die Vokale und Zwielaute (ei, ie, au) durch einen einzigen Vokal oder Zwielaut ersetzt. Dann heißt es z. B. Dro Chonoson mot dom Kontroboss oder Dri Chinisin mit dim Kintribiss.
- „Auf der Mauer, auf der Lauer“: Bei diesem Lied wird in jeder Runde ein Buchstabe bei dem Wort „Wanze“ bzw. „tanzen“ weggelassen. Heißt es in der ersten Runde noch „Auf der Mauer, auf der Lauer sitzt `ne kleine Wanze“ so gilt es in der zweiten Runde das „e“ wegzulassen zu „Auf der Mauer, auf der Lauer sitzt `ne kleine Wanz, sieh dir mal die Wanz an, wie die Wanz tanz kann“. Hier können Sie auch einen kleinen Wettbewerb durchführen, wer nämlich den Buchstaben noch singt, der scheidet aus.

Silben gehen

Natürlich können Sie mit Ihren Kindern beim nächsten Spaziergang einfach Wörter nennen und die entsprechenden Silben gehen lassen. Sie können aber auch ein Gedicht sprechen oder gemeinsam ein Lied singen. Erinnern Sie sich noch an **„Ein Hut, ein Stock, ein Regenschirm"**? Alle Kinder gehen mit einem Abstand von zwei Schritten – wenn möglich, z. B. bei einer kleinen Gruppe, sogar nebeneinander. Pro Silbe wird ein Schritt gemacht:

Eins und zwei und drei und vier,
fünf und sechs und sieben und acht,
ein Hut, ein Stock, ein Regenschirm,
vorwärts, seitwärts, rückwärts – steh!

Bei der Zeile „vorwärts, seitwärts, rückwärts – steh!" bleiben alle stehen und tippen mit dem rechten Fuß nach vorne, zur Seite, nach hinten und stampfen bei „steh" schließlich auf.

Statt des Silbenspaziergangs können Sie auch das Spiel **„Fischer, wie tief ist das Wasser?"** mit den Kindern abwandeln. Bei diesem Spiel ist ein Kind der „Fischer", er steht an der einen Seite des Spielfeldes, der Turnhalle oder Wiese. Die anderen Kinder stehen ihm gegenüber und rufen: „Fischer, Fischer, wie tief ist das Wasser?" Bei dem klassischen Spiel nennt der Fischer eine Zahl und eine Maßeinheit, z. B. „Das Wasser ist sieben Meter tief". Dann dürfen die Kinder sieben Schritte machen. Bei dem Silben-Fischer nennt der Fischer ein Wort, z. B. „Das Wasser ist so tief wie eine Banane." Banane hat drei Silben, also dürfen die Kinder drei Schritte vorwärts gehen. Ziel des Spiels ist es, als erstes Kind den Fischer zu erreichen und der neue Fischer zu sein.

Reimatelier

Dieses Spiel kann im Stuhlkreis gespielt werden. Jedes Kind darf sich einen Buchstaben aussuchen, achten Sie darauf, dass die Kinder sich Konsonanten aussuchen, sonst funktioniert das Spiel nicht. Diesen Buchstaben vertritt das Kind in dem Spiel. Es dürfen auch mehrere Kinder den gleichen Buchstaben wählen.
In dem Spiel geht es darum, das Prinzip des Reimes zu üben. Sie nennen ein Wort, z. B. Haus, und die Kinder müssen überlegen, ob sie mit ihrem Buchstaben einen Reim dazu bilden können, z. B. Maus, Laus, raus. Wer einen Reim bilden kann, geht in die Mitte und ruft den Reim.
In dem Spiel geht es um das Vergnügen, Reime zu finden. Sie können es natürlich auch als Ausscheidungs- oder Wettspiel spielen, indem entweder das Kind ausscheidet, das schon einen Reim wusste oder jedes Kind für einen Reim einen Punkt in Form einer Spielfigur bekommt. Verloren hat dann, wer am Ende noch im Kreis sitzt bzw. gewonnen hat, wer die meisten Spielfiguren hat.

Tipps für die Elternarbeit

Für viele Eltern ist der Begriff „Phonologische Bewusstheit“ neu, da er erst seit wenigen Jahren verwendet wird. Sie sollten den Eltern erklären, wie wichtig es für das Lesen und Schreiben ist, wenn ihr Kind Reime, Silben und Laute erkennen kann. Eltern können diese Fähigkeit fördern, indem sie mit den Kindern singen und reimen oder Kniereiter oder Fingerspiele spielen.

Ein Spiel, das Sie den Eltern empfehlen können, weil es bei jedem Sonntagsspaziergang, bei jeder Autofahrt und in der Wartezeit im Supermarkt gespielt werden kann, ist die Wörterkette. Dabei nennt ein Spieler ein beliebiges Wort und der nächste Spieler muss die Kette fortsetzen, indem er ein Wort findet, dass mit dem letzten Buchstaben (Laut) des Wortes beginnt. Dieses Spiel können Sie auch gut in einen Elternabend zum Thema „Fit für die Schule“ einbinden, da es leicht zu erklären und verstehen ist.

Darüber hinaus sollten Sie die Eltern ermuntern, ein Anlaut-Memory zu basteln oder zu kaufen, also ein Memory, bei dem auf einer Karte ein Buchstabe und auf einer anderen Karte ein passendes Wort, z. B. „E“ und „Elefant“, abgebildet ist.

Weitere Fördermöglichkeiten

Falls Ihnen ein Kind auffällt, das bei den Spielen zur Phonologischen Bewusstheit immer wieder scheitert, sollten Sie den Eltern empfehlen, den Kinderarzt um Rat zu fragen, er kann überprüfen, ob organische Schäden vorliegen und ggf. an einen Logopäden verweisen, der diese Fähigkeit überprüft und eine entsprechende Förderung durchführt.

Hilfreiche Literatur zur Förderung der phonologischen Bewusstheit

- Wilma Osuji: Das große Kita-Praxisbuch Sprache und Kommunikation, Alles für sprachkompetente Kinder, München 2009
- Petra Küspert / Wolfgang Schneider. Hören, Lauschen, Lernen, Göttingen 2006
- Martina Brausem / Iris Sargun: ABC für Kindergartenkinder. Buchstaben ganzheitlich und kreativ erleben, München 2008
- Mein Tier-Alphabet-Memo, München 2008
- Claudia Kauthe: Der Zungenbrecherfächer, München 2010

KONZENTRATION

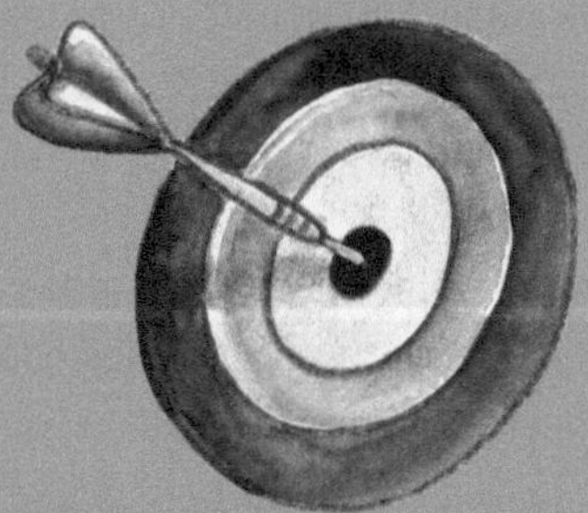

Welche Kompetenzen beinhaltet Konzentrationsfähigkeit?

Der Begriff Konzentration stammt aus dem Lateinischen und bedeutet „zusammen zum Mittelpunkt", übertragen auf den Menschen heißt das, dass alle Sinne auf einen Punkt gelenkt werden. Diese Fähigkeit, seine Aufmerksamkeit über eine längere Zeitspanne gezielt auf etwas zu richten, muss ein Kind sich aneignen. Den meisten Kindern fällt es leicht, sich längere Zeit mit Dingen zu beschäftigen, die sie interessieren. Diese Fähigkeit muss es übertragen auf Lernstoff und Situationen, in denen es nicht von innen motiviert ist und vor allem, in denen nicht ständig neue Reize dargeboten werden. Viele Eltern glauben, ihre Kinder könnten sich gut konzentrieren, weil sie lange Zeit vor einer Fernsehsendung, vor dem Computer oder einem Videospiel sitzen können. Dabei vergessen sie, dass Medien zum Teil in Bruchteilen von Sekunden neue Reize senden, die nicht bewusst wahrgenommen werden.

Zur Konzentrationsfähigkeit gehört also in erster Linie, die Aufmerksamkeit bewusst auf einen Gegenstand, einen Vorgang oder auf einen Lernstoff zu lenken. Äußere und innere Störquellen müssen erkannt und abgestellt werden und oftmals muss das Kind sich selbst motivieren, wenn ihm die Situation nicht gefällt oder es etwas anderes möchte. Das zeigt aber auch, dass Konzentrationsfähigkeit eng verbunden ist mit der so genannten Frustrationstoleranz, der Fähigkeit, mit Enttäuschungen umzugehen, und ebenso auch mit der Selbstmotivation, der Fähigkeit, sich selbst davon zu überzeugen, dass das, was man gerade tut, wichtig ist. Das alles müssen Kinder lernen. Sie lernen es nur, indem wir ihre Konzentrationsfähigkeit fördern.

Manche Kinder tun sich besonders schwer, diese Fähigkeit zu erlernen, bei ihnen wird unter Umständen eine Konzentrationsschwäche wie ADS (Aufmerksamkeitsdefizitsyndrom) oder ADHS (Aufmerksamkeitsdefizit-/Hyperaktivitätsstörung) diagnostiziert. Über die Ursachen dieser Störung sind sich Experten noch nicht einig, sie stimmen allerdings darüber ein, dass es mehrere Faktoren gibt, die zusammenkommen, wenn eine solche Konzentrationsschwäche auftritt.

Für alle Kinder, ob sie von einer Konzentrationsschwäche betroffen sind oder nicht, gelten bestimmte Voraussetzungen, die die Konzentrationsfähigkeit beeinflussen können, dazu gehören z. B.:

- Ausreichender Schlaf: Falls Kinder unkonzentriert sind, sollte also hinterfragt werden, ob sie unter Umständen zu wenig schlafen.
- Die Wahrnehmung muss gelingen. Falls es hier Störungen gibt, kann dies auch zu Konzentrationsausfällen führen.
- Die momentane Stimmungslage: Ein Kind, das mit einer häuslichen Krise fertig werden muss, kann Anzeichen für mangelnde Konzentration zeigen, die jedoch nicht dauerhaft anhalten muss.
- Körperliches Wohlbefinden.

Wie erkenne ich Probleme und Auffälligkeiten?

Anzeichen im Alltag

In den letzten Jahren wird Kindern, die nicht lange still sitzen können, keine Ausdauer haben und ihre Spielsachen wegwerfen, wenn ein Problem auftritt, schnell eine Konzentrationsstörung wie ADS oder ADHS zugeschrieben. Doch oftmals haben die Kinder nicht erlebt, dass sie längere Zeit das Gleiche tun müssen, auch wenn es ihnen gerade keinen Spaß macht: Beim Essen konnten sie aufstehen, wenn der Teller leer war, beim Fernsehen wurde gezappt usw. Wenn Ihnen folgende Dinge auffallen, sollten Sie den Eltern Ihre Besorgnis über die Konzentrationsfähigkeit mitteilen. Verwenden Sie nicht den Begriff ADS oder Konzentrationsschwäche, sondern erklären Sie nur, dass das Kind sich nicht so gut konzentrieren kann wie die anderen.

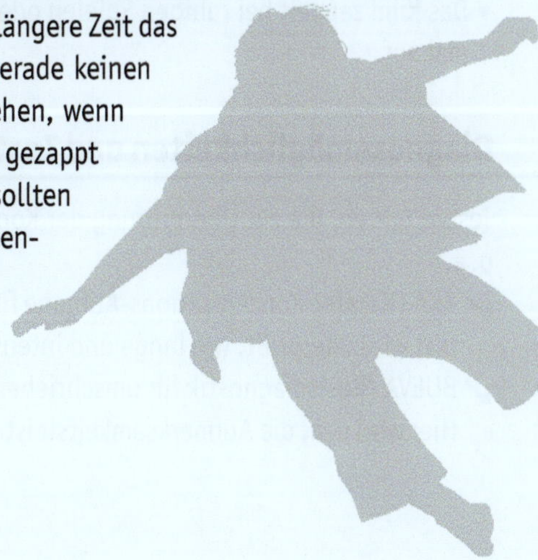

- Das Kind hört mitten im Spiel oder in einer Aufgabe auf, sobald ein Problem auftaucht.
- Das Kind langweilt sich schnell und sucht ständig nach neuer Beschäftigung, ohne eine abzuschließen.
- Das Kind lässt sich auch bei Dingen, die es interessieren und die ihm Spaß machen, leicht ablenken.
- Das Kind kann das Ende einer Geschichte nicht wiedergeben.
- Das Kind ermüdet rasch und schaltet ab.
- Das Kind gibt schnell auf, wenn ein Hindernis oder ein Problem auftritt.
- Das Kind bewegt sich unkoordiniert und hektisch.
- Das Kind starrt in die Luft.
- Das Kind bekommt nicht mit, was die Erzieherin oder andere Kinder sagen.
- Dem Kind gelingt es kaum, einen Arbeitsauftrag vollständig zu Ende zu bringen.
- Es zeigt wenig Bereitschaft, sich mit anderen zu messen oder Leistung zu erbringen.
- Die Stimmungen des Kindes schwanken häufig innerhalb kurzer Zeit, es ist wenig ausgeglichen.
- Das Kind wirkt vergesslich.
- Das Kind arbeitet langsam und hinkt auffällig oft hinter den anderen Kindern her.

Zusätzliche Anzeichen für ADHS

- Das Kind ist unausgeglichen und schnell frustriert.
- Das Kind verstößt immer wieder gegen Regeln.
- Das Kind redet viel und lässt die anderen nicht ausreden.
- Dem Kind fällt es schwer, einer Geschichte zuzuhören.
- Das Kind zappelt bei ruhigen Spielen oder im Stuhlkreis umher, steht evtl. sogar öfter mal auf.

Diagnosemöglichkeiten und Testverfahren

Testverfahren, die zur Überprüfung der Konzentrationsleistung eingesetzt werden, sind u. a.:

✔ KKA (Kaseler-Konzentrations-Aufgabe für 3- bis 8-Jährige): Mit diesem Durchstreichtest wird überprüft, wie lange und intensiv Kinder sich konzentrieren können.

✔ BUEVA (Basisdiagnostik für umschriebene Entwicklungsstörungen im Vorschulalter): Hier wird u. a. die Aufmerksamkeitsleistung erhoben.

Fördermöglichkeiten in der Kita

Eine Kita, in der gespielt, gebastelt, gesungen und gelesen wird und in der alle Kinder einbezogen werden, schafft eine wesentliche Grundlage für die Konzentrationsfähigkeit ihrer Kinder. Dafür ist jedoch manchmal auch ein konsequentes Verhalten nötig, die Kinder müssen lernen, dass sie das, was sie angefangen haben, zu Ende bringen. Diese Regel sollte für den Stuhlkreis, die Puppen- und Bauecke, für Bastelarbeiten und Spiele gelten. Wer nicht weitermachen möchte, räumt seine Sachen weg und darf dann etwas Neues beginnen. Da das Wegräumen der Sachen einen Schlusspunkt bildet und eine Zeitverzögerung, wenn etwas anderes scheinbar interessanter ist, überlegen die Kinder sich besonders gut, ob sie aufhören möchten oder nicht. Diese Grundregel bedeutet jedoch auch, dass Kinder in dem, was sie tun, möglichst nicht unterbrochen werden sollten.

Falls Sie ergänzend zu diesen grundsätzlichen Überlegungen Anregungen suchen, wie Sie einzelne Kinder besonders fördern können, finden Sie im Folgenden einige Beispiele, Sie können aber auch auf die Übungen und Spiele zurückgreifen, die in den Kapiteln zur visuellen und auditiven Wahrnehmung (Seite 20 f. und Seite 29 f.) und zur Merkfähigkeit (Seite 72) beschrieben werden.

Steckspiele

Die altbewährten Steckspiele (z. B. Ministeck), die zum Glück trotz Gameboy und Spielkonsole ein Comeback erleben, eignen sich ebenfalls zur Förderung der Konzentration. Die Aufgabe ist überschaubar: Mit Steckfiguren muss auf einem Steckbrett ein Muster oder Bild gesteckt werden. Das bedeutet, die Kinder müssen genau hinsehen und sich konzentrieren, wo welche Steckfiguren hingehören. Holen Sie also ruhig die Steckspiele aus dem Archiv oder der untersten Schublade und empfehlen Sie auch Eltern das Spiel, das den Vorteil hat, dass ein Kind es alleine spielen kann und sich daher ohne Druck und Konkurrenz darin vertiefen kann.

Eine Variante des Steckspiels sind übrigens die Bügelperlen, die zu bestimmten Mustern auf eine Kunststoffvorlage gelegt werden und anschließend mithilfe des Bügeleisens zu Glasuntersetzern und ähnlichen Geschenken fixiert werden können.

Fadenspiele

Erinnern Sie sich noch an die Fadenspiele Ihrer Kindheit, sie sind auch bekannt unter Abnehmspiele oder (wie im Münsterland) unter dem Namen „Schweinchen an der Leiter", weil das Muster, das sich am Ende ergeben musste, wie ein geschlachtetes, aufgehängtes Schwein aussah.
Benötigt wird ein Wollfaden, ca. 50 cm lang, dessen Enden zusammengeknotet werden. Ein Kind schlingt sich den Faden um beide Hände:

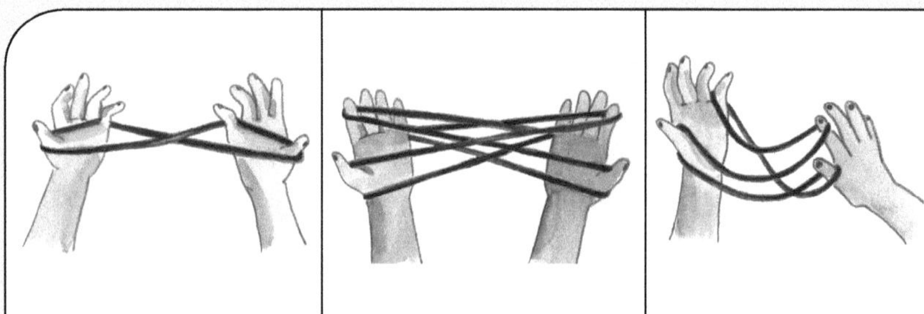

Ein zweites Kind nimmt nun das Band mit beiden Händen ab, sodass eine neue Figur entsteht. Das wird so lange gespielt, bis keine neue Figur mehr gebildet werden kann oder eine bestimmte Figur erreicht wurde, im Münsterland eben besagtes Schweinchen.

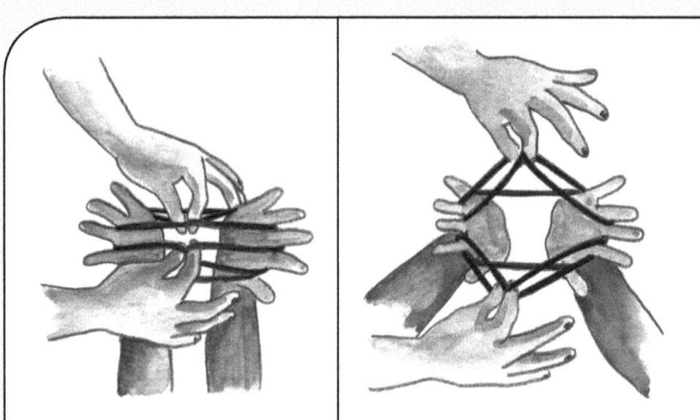

Unser Malbuch

Ausmalbilder waren lange Zeit unter Pädagogen verpönt, weil sie vermeintlich die Kreativität der Kinder einschränkten. Dabei wurde nicht beachtet, dass sie sowohl die Feinmotorik als auch die Konzentration schulen, sofern ein Kind sich ernsthaft mit dem Ausmalen beschäftigt. Dann muss es nämlich darauf achten, nicht über die Linien zu malen, und die Aufgabe ist erst beendet, wenn das Bild vollständig bunt gemalt wurde.
Besinnen Sie sich doch wieder auf diese klassische Förderübung. Statt Malbücher zu kaufen, lassen Sie die Kinder Vorlagen zeichnen. Fordern Sie sie auf, auf ein weißes Blatt mit einem schwarzen Stift ein Bild zu zeichnen und es nicht auszumalen. Erklären Sie ihnen, dass Sie daraus ein Gruppenmalbuch erstellen und anschließend jedes Kind jedes Bild bunt ausmalen kann.
Sammeln Sie die Vorlagen und kopieren Sie sie in entsprechender Stückzahl. Vielleicht heften Sie sie mit einer Pappe vorne und hinten zusammen. Darauf kann jedes Kind seinen Namen schreiben oder schreiben lassen und ein Erkennungsbild malen.

Tipps für die Elternarbeit

Eltern können die Entwicklung der Konzentrationsfähigkeit durch fördernde Rahmenbedingungen unterstützen. Dazu gehören ausreichender Schlaf und ein Alltag, in dem sich ruhige Zeiten mit bewegungsreichen Zeiten abwechseln. Dabei sollten ruhige Zeiten nicht ausschließlich Zeiten vor dem Fernseher sein, die Kinder sollten – ohne Geräuschberieselung – malen oder basteln, ein Bilderbuch anschauen oder einfach nur denken dürfen. Je eher ein Kind sich daran gewöhnt, Ruhe auszuhalten, umso leichter wird es sich im Leben zurechtfinden. Doch nicht nur Ruhe muss es aushalten können, sondern auch Enttäuschungen, z. B. dass eine Erzieherin nicht sofort auf seine Frage antwortet. Ebenso muss es sich aber darauf verlassen können, dass die Eltern seine Tätigkeit nicht unterbrechen oder einfach abrechen.

Das ist eine der wichtigsten Lektionen, die Eltern ihren Kindern auf dem Weg zur Konzentrationsfähigkeit geben können: Was ich anfange oder was du anfängst, wird auch zu Ende gemacht. Ein Kind, das erlebt, dass es mitten im Spiel ein neues Spiel holen darf oder mitten in einer Fernsehsendung umgeschaltet wird, gewöhnt sich daran, dass ein neuer Reiz kommt, sobald der alte nicht mehr interessant ist. Es gibt sich keine Mühe, die Aufmerksamkeit aufrechtzuerhalten, sondern sieht sich nach einer anderen Beschäftigung um.

Weitere Fördermöglichkeiten

Eltern, deren Kinder durch häufige Konzentrationsprobleme auffallen, sollten einen Kinderarzt aufsuchen. Entweder kann er selbst durch medizinische Tests ermitteln, ob eine organische Störung inkl. einer ADS oder ADHS vorliegt, oder an einen spezialisierten Kollegen verweisen. Sollte eine besondere Förderung nötig sein, gibt es verschiedene Anlaufstellen, sowohl Logopäden als auch Ergotherapeuten bieten spezielle Programme an, manchmal auch Lerntherapeuten.

Häufig eingesetzt wird das „Marburger Konzentrationstraining für Vorschulkinder", es enthält eine Fülle von Aufgaben, die in Kleingruppen schrittweise bearbeitet werden.

Hilfreiche Literatur zur Förderung der Konzentration

- Rosemarie Portmann: Drei Minuten Konzentration. Übungen für zwischendurch in Kita und Schule, München 2010
- Jutta Bläsius: Drei Minuten Entspannung. Übungen für zwischendurch in Kita und Schule, München 2009
- Barbara Innecken: Kinesiologie – Kinder finden ihr Gleichgewicht, München 2008[5]
- Charmaine Liebertz: Spielekartei Wahrnehmung, Konzentration, Entspannung. Pädagogische Schatzbriefe, München 2008

MERKFÄHIGKEIT

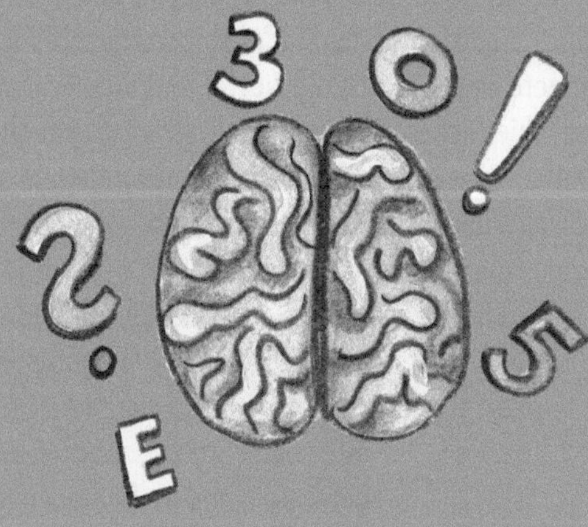

Welche Kompetenzen beinhaltet Merkfähigkeit?

Mit Merkfähigkeit bezeichnet man die Fähigkeit, sich etwas bewusst zu merken. Kinder merken sich ständig Dinge, die sie sehen, hören, riechen oder fühlen. Nur so können sie die Welt kennen lernen und Neues einordnen. Sie können schon als Säuglinge einen Menschen wiedererkennen, weil sie sich den Geruch oder den Klang der Stimme gemerkt haben.

Diese Art der Erinnerung bzw. des Merkens erfolgt nicht bewusst und absichtsvoll. Um jedoch Dinge zu lernen, die von anderen vorgegeben werden, ist es notwendig, dass ein Kind sich etwas bewusst einprägt und es im Gedächtnis behält. Das beginnt bereits beim Text eines Liedes. Manche Kinder singen mühelos den Text mit und nach, andere brauchen längere Zeit, um sich die Wörter und ihre Reihenfolge einzuprägen. Das kann mit der unterschiedlichen Form der Speicherung zusammenhängen. Zur Merkfähigkeit gehören nämlich vor allem die so genannte visuelle und auditive Speicherung. Bei der visuellen Speicherung wird das Gesehene abgespeichert, während bei der auditiven Speicherung das gemerkt wird, was gehört wird. Da Kinder im Vorschulalter noch nicht lesen können, wird ein Liedtext über das Hören gelernt. Kinder, die damit Schwierigkeiten haben oder deren visuelle Speicherung stärker ausgeprägt ist als die auditive, tun sich daher oft schwer mit den Liedtexten oder Gedichten, obwohl sie z. B. beim Memory-Spiel oft gewinnen, andere hingegen fallen beim Memory-Spiel auf, weil sie sich die Karten nicht merken, doch können sie jeden noch so schweren Satz nachsprechen und sind beim Spiel „Koffer packen" vorne weg.

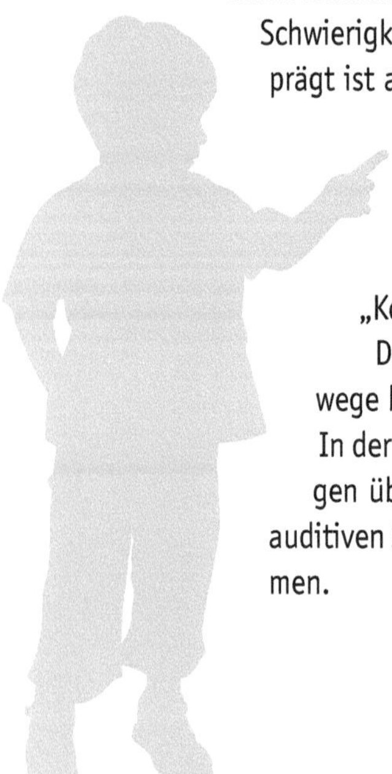

Daran wird deutlich, dass es wichtig ist, dass Kinder beide Merkwege beherrschen und trainieren, um erfolgreich lernen zu können. In der Schule wie auch im Leben insgesamt erfolgen viele Anweisungen über die gesprochene Sprache. Ein Kind, das Probleme mit der auditiven Speicherung hat, wird da zwangsläufig Schwierigkeiten bekommen.

Wie erkenne ich Probleme und Auffälligkeiten?

Anzeichen im Alltag

Die Fähigkeit, sich bewusst Dinge zu merken, ist nicht erst in der Schule nötig, auch in der Kita und in der Familie gibt es Situationen, in denen das Kind sich etwas über einen längeren Zeitraum oder sogar für immer merken soll. Wenn ein Kind durch folgende Verhaltensweisen auffällt, sollten Sie die Eltern darauf hinweisen:

- Das Kind kann sich kleine Aufträge nicht merken.
- Das Kind vergisst, was es holen wollte.
- Das Kind verliert immer bei Gedächtnisspielen wie „Koffer packen" und „Memory".
- Das Kind denkt nicht an Verabredungen, obwohl es sich darauf freut.
- Das Kind kann sich auch einfache Liedertexte oder Refrains nicht merken.
- Selbst Informationen, die es interessant findet, vergisst es schnell, z. B. die Namen seiner Lieblingsfußballspieler oder von Fernsehfiguren.
- Das Kind kann nicht erzählen, was in einer Geschichte vorkam.
- Ein Kind findet sich in der Kita nicht zurecht, obwohl die Wege mit Symbolen gekennzeichnet sind.
- Das Kind vertut sich oft mit seiner Kiste oder seinem Fach, weil es sich die Position nicht merken kann.

Diagnosemöglichkeiten und Testverfahren

Die Merkfähigkeit wird unter Umständen mit übergreifenden Diagnoseverfahren getestet, z. B. BASIC MLT (Merk- und Lernfähigkeitstest für 6- bis 16-Jährige). Mit verschiedenen Untertests wird hier überprüft, wo die Kinder besondere Merkstörungen haben.

Fördermöglichkeiten in der Kita

Im Alltag der Kita wird die Merkfähigkeit nebenher geschult, wenn Sie den Kindern kleine Aufträge erteilen, wenn Sie Geschichten vorlesen und mit den Kindern darüber sprechen und wenn Sie Lieder auswendig lernen und mit den Kindern singen. Darüber hinaus fördern klassische Spiele wie „Memory" oder „Koffer packen" die Fähigkeit, sich gezielt Dinge zu merken. Die folgenden Beispiele sind immer nur Abwandlungen dieser Spiele, bei denen die Kinder sich Gesehenes bzw. Gehörtes merken müssen.

Augendetektiv

Für dieses Spiel benötigen Sie zehn bis fünfzehn Gegenstände. Diese werden in die Mitte des Stuhlkreises gelegt. Ein Kind ist der „Augendetektiv". Es sieht sich die Gegenstände genau an und verlässt den Raum. Die anderen Kinder vertauschen zwei Gegenstände oder nehmen einen Gegenstand weg. Der „Augendetektiv" wird hereingeholt. Seine Aufgabe ist es, zu erkennen, welcher Gegenstand weggenommen oder welche Gegenstände vertauscht wurden. Wenn er den Gegenstand gefunden hat, darf er den nächsten „Augendetektiv" bestimmen.

Besuch im Zoo

Dieses Spiel ist eine Abwandlung des Spiels „Koffer packen". Die Kinder sitzen im Stuhlkreis und Sie beginnen: „Gestern war ich im Zoo und da habe ich mir die Elefanten angesehen. Das war toll!" Nun ist das nächste Kind an der Reihe, es sagt: „Gestern war ich im Zoo und da habe ich mir die Elefanten und die (z. B.) Affen angesehen."

In der Regel sind bei diesem Spiel die Kinder reihum an der Reihe, den Satz fortzusetzen. Das führt unter Umständen dazu, dass die Kinder am Ende der Runde unaufmerksam werden oder so lange die ersten Tiere auswendig lernen, bis sie alles vergessen. Daher empfiehlt es sich, einen kleinen Ball einzusetzen. Wenn Sie Ihren Satz gesagt haben, werfen Sie den Ball einem Kind zu. Wenn dieses seinen Satz gesagt hat, wirft es den Ball einem anderen Kind zu, das dann an der Reihe ist. Das bringt zusätzliche Dynamik ins Spiel und sorgt dafür, dass die Aufmerksamkeit der Kinder wach bleibt.

Falls Sie das Spiel im Stuhlkreis spielen, können Sie Buchstabenkarten als Gedächtnisstützen einbauen. Jedes Kind erhält vor dem Spiel eine Buchstabenkarte. Das Tier, das es nennt, muss mit dem Buchstaben beginnen. Die Kinder halten die Buchstabenkarten während des Spiels so in der Hand, dass alle den Buchstaben sehen können. Das erleichtert es den Kindern, sich an die Tiere zu erinnern. Und ganz nebenbei lernen die Kinder eine Merkstrategie kennen, die ihnen auch außerhalb der Kita und in der Schule nützlich sein kann.

Tipps für die Elternarbeit

Eltern können die Merkfähigkeit ihrer Kinder am besten dadurch fördern, dass sie diese fordern. Das klingt so einfach, doch wenn Sie die Eltern Ihrer Kinder beobachten, werden Sie feststellen, dass sie ihren Kindern vieles abnehmen, an das die Kinder auch selbst denken könnten. Das beginnt bei der Frühstücksdose, die Mutter oder Vater dem Kind in die Hand drücken. Ermuntern Sie die Eltern, dass es zur Aufgabe des Kindes wird, selbst an die Frühstücksdose zu denken. Das können angehende Schulanfänger durchaus leisten.

Regen Sie die Eltern an, dass das Kind beim Einkauf an zwei oder drei Dinge denken muss, die bewusst nicht auf den Einkaufszettel geschrieben werden – sonst arbeiten die Eltern ihn ab und die Merkfähigkeit des Kindes wird nicht genug gewürdigt.

Darüber hinaus gilt auch für Familien, dass sie mit den klassischen Spielen wie „Memory", das es mit den unterschiedlichsten Motiven und zu modernen Themen gibt, oder mit Gedichten, Liedern und Geschichten die Merkfähigkeit ihres Kindes trainieren können. In früheren Jahren war es üblich, dass Kinder – auch im Vorschulalter – vor Festtagen wie Muttertag, Weihnachten, Geburtstag der Oma kleine Gedichte auswendig lernten. Schlagen Sie den Eltern vor, diesen Brauch wiederzubeleben. Im Internet finden sich für jeden Anlass genug lange und kurze Kindergedichte.

Weitere Fördermöglichkeiten

Kinder, die große Probleme haben, sich Dinge bewusst über eine längere Zeitspanne zu merken, benötigen womöglich eine spezielle Förderung, wie sie manche Ergotherapeuten anbieten. Hierfür gibt es besondere Förderprogramme, die dem Kind helfen, sein Gedächtnis und das bewusste Abspeichern von Informationen zu trainieren. Auch in diesem Fall sollte der Kinderarzt die erste Anlaufstelle sein, da er unter Umständen organische Störungen kennt oder erkennen und an einen Ergotherapeuten überweisen kann.

Hilfreiche Literatur zur Förderung der Merkfähigkeit

- Rosemarie Portmann: Die 50 besten Spiele zum Gehirnjogging, München 2009[3]
- Mein Tier-Alphabet, München 2008

VORSTELLUNGS-KRAFT

Welche Fähigkeiten beinhaltet die Vorstellungskraft?

Mit Vorstellungskraft ist die Fähigkeit gemeint, sich Dinge vorzustellen, die gerade nicht im Blickfeld sind, die nicht existieren oder von denen sich jeder ein eigenes Bild machen muss, weil es kein Abbild gibt. Die Vorstellungskraft wird gelegentlich auch Einbildungskraft genannt, das hat jedoch einen eher negativen Anstrich, oftmals wird sie auch als Fantasie bezeichnet, was allerdings in die Irre führen kann, da Vorstellungskraft mehr ist als Figuren zu erfinden und Geschichten auszudenken. Auch der Begriff „Assoziationsfähigkeit“ erfasst nicht die gesamte Bedeutung, die die Vorstellungskraft für das Leben und Lernen hat.

Die Vorstellungskraft ist nötig, um Buchstabenreihen in Bilder umzuwandeln, z. B. die Buchstaben H U N D in das Bild eines Hundes, oder Ziffern in sinnvolle Zahlen, die einen Platz im Zahlsystem haben und einer Menge zugeordnet werden. Ob beim Schreiben eines Aufsatzes oder beim Lösen einer Aufgabe, immer geschieht dies zuerst im Kopf als Bild, ehe die Gedanken auf das Papier kommen.

Leider kommt diese Bedeutung der Vorstellungskraft in Informationen zum Thema Fantasie oft zu kurz, in Ratgebern wird sie oft einfach unter den Begriff „Kreativität“ gefasst, dabei ist die Vorstellungskraft die Voraussetzung für Kreativität. Wer sich keine neuen, außergewöhnlichen Dinge im Kopf vorstellen kann, wird sich schwer tun, sie auf Papier, in Musik oder Worte umzusetzen.

Die Vorstellungskraft lässt sich in drei Bereiche aufteilen:

1. Bilder abrufen, die bereits bekannt sind, z. B. das Würfelbild der 5.
2. Die Verknüpfung von etwas, das man hört, sieht, riecht oder fühlt mit einem Bild, das bereits früher abgespeichert wurde, z. B. das Würfelbild der 5 mit der Ziffer 5.
3. Das Entwickeln von neuen Bildern im Kopf, z. B. ein Würfelbild der 7 oder einen Hund mit Schnurrhaaren wie die einer Katze. Diesen Bereich könnte man mit Fantasie oder kreativem Denken bezeichnen.

Wie erkenne ich Probleme und Auffälligkeiten?

Anzeichen im Alltag

Da Kinder in der Regel eine ausgeprägte Fantasie haben, also sich gut etwas vorstellen können, was ihnen gefällt oder was Sie haben möchten, ist es nicht leicht, Defizite bei der bewussten Vorstellungskraft zu erkennen. Am ehesten ist dies in Gesprächen oder bei Malaufträgen möglich.

- Das Kind zeichnet statt des geforderten Hundes eine Ente oder ein anderes Tier, das sich deutlich von einem Hund unterscheidet, also keine vier Beine hat oder ein besonderes Merkmal, z. B. einen Rüssel, ein Horn.
- Das Kind kann im Stuhlkreis eine Geschichte nicht weitererzählen, weil ihm nichts einfällt, während es sonst keine Schwierigkeiten beim Sprechen hat.
- Das Kind kann kein Bild zu einer Zahl nennen, z. B. Würfelbild, Hand (fünf), Augen (zwei).
- Das Kind beteiligt sich zwar an Rollenspielen wie „Vater, Mutter, Kind", ist aber passiv und bringt keine eigenen Ideen ein.
- Das Kind kann eine Figur, die in einer Geschichte (nicht in einem Bilderbuch) vorkommt, nicht beschreiben.
- Das Kind hat Schwierigkeiten, beschriebene Dinge auf einem Bild zu finden, z. B. ein Rechteck, das auf dem Bild als Schild zu erkennen ist.

Diagnosemöglichkeiten und Testverfahren

Einen speziellen Test zur Erfassung der Vorstellungsfähigkeit gibt es nicht, allerdings wird sie zum Teil in Diagnoseverfahren zur Überprüfung der Schulfähigkeit bzw. der kognitiven Leistungen überprüft, z. B. im KET-KID (Kognitiver Entwicklungstest für das Kindergartenalter). Dieser Test wird bei Kindern von 3 bis ungefähr 6 Jahren eingesetzt, um kognitive und motorische Störungen frühzeitig zu erkennen.

Fördermöglichkeiten in der Kita

In der Kita gibt es unzählige Anlässe, in denen die Kinder ihre Fantasie einsetzen können. Bei der Vorstellungskraft geht es jedoch darum, sich gezielt und bewusst ein Bild vorzustellen. Das ist im Rollenspiel und beim Vorlesen von Geschichten, beim Singen von Liedern und beim Malen zu einem bestimmten Thema möglich und nötig. Das Malen von Erlebnissen hat ebenso wie das Anschauen von Bildern seine Berechtigung in der ganzheitlichen Förderung, allerdings hilft es wenig dabei, die Kinder zum Entwickeln eigener Bilder zu ermutigen. Dafür sind Anregungen nötig, deren Ergebnis nicht feststeht, sondern offen ist wie z. B. bei den folgenden Gedankenspielen und Übungen.

Fortsetzungsbilder

Eine Fortsetzungsgeschichte kennen Sie vermutlich aus Ihrer Jugendzeit oder Ihrer Ausbildung: Jeder erhält ein Blatt Papier und schreibt einen Satz auf das Blatt. Dann wird es weitergegeben und die Spieler müssen den Satz fortführen zu einer Geschichte. Ähnlich werden Fortsetzungsbilder erstellt. Allerdings haben Sie hier zwei Möglichkeiten:

- Ein Kind arbeitet an einem Bild.
  Sie lassen die Kinder etwas aus einem Prospekt und Katalog ausschneiden und in die Mitte eines Blattes kleben. Um den Ausschnitt herum wird nun das Bild gemalt, z. B. um eine Milchdose herum eine Küche u. Ä.
- Zwei oder mehr Kinder arbeiten an einem Bild.
  Die Kinder malen einen Gegenstand oder schneiden ihn aus und kleben ihn auf ein Blatt Papier. Dann werden die Blätter getauscht oder eingesammelt und neu verteilt. Nun wird um diesen Ausschnitt oder Gegenstand herum das Bild gemalt.

Neues Spielzeug

Wie haben Sie bisher neues Spielzeug eingeführt? Die Vorstellungskraft der Kinder regen Sie an, wenn Sie ihnen nicht sofort erklären, wie sie mit dem Material spielen können. Zeigen Sie den Kindern das Material und lassen Sie die Kinder Ideen entwickeln, was sie mit dem Material machen können. Dazu müssen sie das unbekannte Material in ihrem Kopf bewegen und Vorstellungsbilder entwickeln.

Geschichten erfinden

Anders als bei der oben beschriebenen Geschichtenwerkstatt wird hier nur erzählt und nicht aufgeschrieben, was selbstverständlich auch möglich ist. Am besten beginnen Sie mit einem Geschichtenanfang, der die Kinder in eine absurde Situation versetzt, z. B. Ich sehe ein Krokodil, das sitzt am Lenkrad eines Autos. Reihum erzählen die Kinder, wie es weitergehen könnte. Es ist wichtig, dass die Ausgangssituation nicht realistisch ist, damit die Kinder nicht auf Alltagserfahrungen zurückgreifen können.

Wolken- und Zweigtiere

Eine ganz einfache Methode, die Vorstellungskraft der Kinder in Gang zu setzen, ist die Beobachtung der Natur. Betrachten Sie mit den Kindern wieder einmal die Wolken und lassen Sie sie nach „Wolkentieren" suchen: Wer findet zuerst eine Wolke, die wie ein Schaf oder ein Elefant aussieht? Bei dieser Übung müssen die Kinder das Archiv ihrer Vorstellungsbilder ständig mit den Wolken, die vorbeiziehen, abgleichen. Eine solche Übung können Sie auch beim Spaziergang durch den Wald machen. Lassen Sie die Kinder nach Ästen, Zweigen, Bäumen oder Büschen Ausschau halten, die wie Tiere aussehen.

Tipps für die Elternarbeit

Entscheidend für die Entwicklung der Vorstellungskraft ist ein offenes Umfeld, das geprägt ist von Neugier und Kreativität. Für manche Eltern ist es schwer, dieses Umfeld zu schaffen, da sie selbst wenig kreativ sind und sich lieber an Vorgaben von außen orientieren, statt eigene Ideen zu entwickeln. Sie kommen unter Umständen kaum mit den Fantasien ihrer Kinder zurecht und tun sich schwer, diese auch noch zum „Fantasieren" zu ermuntern.

Versuchen Sie, diesen Eltern die Bedeutung der Vorstellungskraft zu erläutern. Regen Sie sie an, mit ihrem Kind ungewöhnliche Gegenstände zu suchen, z. B. aus der eigenen Kindheit, auf dem Dachboden der Großeltern oder auf dem Flohmarkt. Der Bezug zur eigenen Kindheit gibt den Eltern Sicherheit, während manches, was Eltern aus ihrer Kindheit kennen, von der Kaffeemühle bis zum Plattenspieler, für viele Kinder heute fremd ist.

Ermuntern Sie die Eltern, ihren Kindern nicht nur Spielzeug zu kaufen, dessen Spielweise eingeschränkt ist, wie z. B. ein Barbiepferd, sondern Spielzeug, das viele Möglichkeiten zulässt, etwa Plastik- oder Stofftiere.

Wenn auch das Nachbauen einer Ritterburg oder eines Feuerwehrautos mit Bausteinen einen Sinn in der Entwicklung hat (hier wird z. B. die räumliche Orientierung trainiert), so sollte es auch Bauzeiten ohne Anleitung geben, in denen Häuser nach eigenen Vorstellungen gebaut werden.

Alles, was die Kinder dazu anregt, sich selbst Gedanken zu machen und Bilder in ihrem Kopf zu entwickeln, ist förderlich: sich selbst Antworten auf Fragen ausdenken, Hörspiele, in denen ein unsichtbarer Begleiter vorkommt oder ein Kind, das mit Tieren sprechen kann etc.

Schließlich sollten Sie den Eltern die oben skizzierte Suche nach Wolken- und Zweigtieren vorschlagen, die wenig Aufwand und einen hohen Gewinn in der Entwicklung der Vorstellungskraft bedeuten.

Weitere Fördermöglichkeiten

Obwohl die fehlende Vorstellungskraft als eine Ursache für die Rechenschwäche bezeichnet wird, gibt es keine speziellen Angebote, mit denen die Vorstellungskraft gefördert werden kann. Hier sind vor allem die Eltern, deren Kinder auffällige Störungen in der Vorstellungskraft haben, gefragt. Allerdings sollten Sie ihnen auch empfehlen, Ergotherapeuten und Logopäden in Ihrer Umgebung nach einer entsprechenden Förderung zu fragen, da sie zum Teil ihren Therapieschwerpunkt in diesen Bereich verlagern können.

Hilfreiche Literatur zur Förderung der Vorstellungskraft

- Rudolf Seitz: Phantasie und Kreativität. Ein Spiel-, Nachdenk- und Anregungsbuch, München 2005[3]
- Marielle und Rudolf Seitz: Rot, Gelb, Blau und alle Farben. Grundlagen und Spielideen für die pädagogische Praxis, München 2008[5]
- Monika Bezdek / Petra Bezdek / Ursula Bezdek: Spielraum Wald. Praxisideen und Spiele für Kindergruppen, München 2009[3]
- Angelika Albrecht-Schaffer: Theaterwerkstatt für Kinder. 100 und eine Idee rund ums Theaterspielen, München 2008[2]
- Angelika Albrecht-Schaffer / Petra Hagl: Spielszenen für Kindergartenkinder. 22 kreative und praxiserprobte Modelle, München 2009
- Elisabeth Zartl: Poesiewerkstatt. Haiku, Sinnesgedichte, Elfchen erleben und erfinden, München 2009

ABSTRAKTIONS-VERMÖGEN

Welche Fähigkeiten beinhaltet das Abstraktionsvermögen?

Das Abstraktionsvermögen ist eine Fähigkeit, die eng mit der visuellen Wahrnehmung verbunden ist. Es geht darum, gemeinsame Merkmale oder Unterschiede von mehreren Einzelgegenständen zu erkennen und dafür eine Bezeichnung zu finden oder sie zu benennen.

Diese Fähigkeit ist wichtig für das Lernen und das Einordnen neuer Erfahrungen, so sind für ein kleines Kind zunächst alle Vierbeiner Hunde, später lernt es, dass es neben Hunden in der Kategorie Tier auch noch Katzen gibt und dass es auch in der Gruppe der Hunde verschiedene Rassen gibt. Das Kind hat sich zunächst auf der so genannten mittleren Abstraktionsstufe bewegt (Hund), dann hat es erkannt, dass es einen höhere Stufe gibt (Tier) bzw. eine konkrete Stufe (z. B. Dackel). Daran wird deutlich, dass diese Fähigkeit nicht nur für das Lernen, sondern auch für die Kommunikation unerlässlich ist.

Oftmals ist das Abstraktionsvermögen bei Kindern mit Rechenschwäche nicht genügend ausgeprägt, was ihnen den Aufbau des Zahlensystems erschwert und langfristig zu Problemen im Fach Mathematik führen kann.

Wie erkenne ich Probleme und Auffälligkeiten?

Anzeichen im Alltag

Ein unzureichend ausgeprägtes Abstraktionsvermögen wird oftmals schon im Alltag in Kita und Familie deutlich, wenn das Kind Löffel bringen soll und Gabeln in der Hand hat oder statt des Kaffeelöffels einen Suppenlöffel auf den Tisch legt. Falls Ihnen folgende Anzeichen bei Kindern vor der Einschulung auffallen, sollten Sie die Eltern darauf ansprechen:

- Das Kind spricht auch im Jahr vor der Einschulung noch von dem „Ding“, wenn es einen Gegenstand meint, den es kennen sollte, z. B. Alltagsgegenstände, Kleidung, heimische Tiere und Pflanzen.
- Das Kind kann Gegenstände nicht nach Form, Farbe oder Größe sortieren.
- Das Kind verwechselt Buchstaben mit Zahlen und umgekehrt.
- Das Kind wirft beim Aufräumen Gegenstände in die falschen Kisten oder Fächer.
- Das Kind vertauscht Namen von Gegenständen, die eine ähnliche Funktion haben, z. B. Schere und Messer, Mütze und Hut.
- Das Kind erkennt nicht, welche Bilder einer Bildergeschichte zusammengehören.

Diagnosemöglichkeiten

Einen speziellen Test zur Überprüfung des Abstraktionsvermögens gibt es nicht, Aufgaben dazu sind in Intelligenz-, Lern- und Schulfähigkeitstests eingebunden.

Fördermöglichkeiten in der Kita

Das Abstraktionsvermögen wird vom ersten Tag eines Kindes an trainiert, da es Unterschiede zwischen den Gesichtern und Stimmen erkennen muss und daraus auf eine höhere Ebene (bekannt oder unbekannt) schließen muss. Wenn ein Kind im Kindergarten durch ein geringes Abstraktionsvermögen auffällt, hat es unter Umständen Wahrnehmungsstörungen, die nicht erkannt wurden. In jedem Fall ist es schwierig, die Schwäche, die sich über eine längere Zeit herausgebildet hat, aufzuarbeiten. In der Regel ist eine Einzelförderung nötigt. Allerdings gibt es Spiele, die eine besonders hohe Anforderung an das Abstraktionsvermögen stellen und dieses trainieren. Das sind alle Spiele, in denen Dinge gesammelt werden, die eine Gemeinsamkeit haben, Mikadostäbe, Bausteine etc., die folgenden Beispiele können Sie auch Eltern empfehlen, die ihr Kind besonders fördern müssen oder möchten.

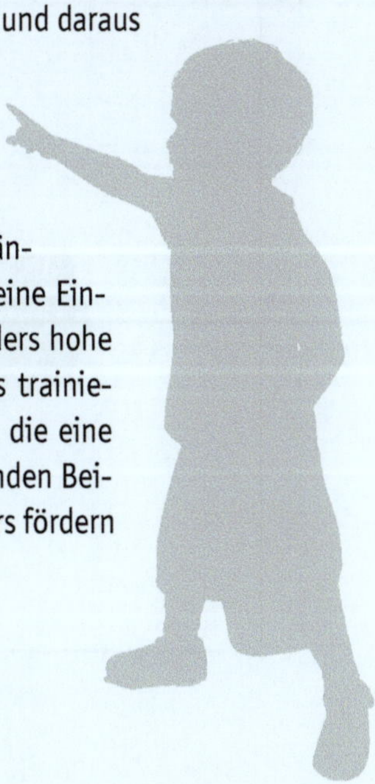

Quartettspiele

Bei Quartettspielen müssen aus mehreren Karten diejenigen herausgefunden werden, die die gleichen Merkmale haben, das können Tierrassen, Automarken o. Ä. sein. Basteln Sie mit den Kindern ein Formen-Quartett. Hier trainieren die Kinder spielerisch das Abstraktionsvermögen und lernen Formen und Farben kennen.

Besorgen Sie Karteikärtchen im Format DIN-A7 oder Blankospielkarten. Bereiten Sie vier Arbeitsplätze mit farbigen Stiften (rot, grün, gelb, blau) vor. Jeweils vier Kinder dürfen kommen und an einem der Arbeitsplätze eine Karte bemalen. Die erste Gruppe malt Kreise, die nächsten Dreiecke, Rechtecke, Quadrate, Drachen (Rauten), Sechsecke, Trapeze und Ovale. So erhalten Sie 32 Karten, mit denen Sie spielen können.

Das Spiel erfolgt nach dem üblichen Prinzip des Quartettspiels: Die Karten werden so unter den Spielern aufgeteilt, dass jeder Spieler vier oder acht Karten erhält. Reihum befragt ein Spieler den rechten Nachbarn, ob er eine Karte hat, die ihm noch fehlt, z. B. ein rotes Oval oder ein blaues Quadrat. Ein vollständiges Quartett (eine Form in vier Farben) kann abgelegt werden. Wer als erster alle Karten ablegen kann, gewinnt.

Ich sehe Knöpfe

Knöpfe sind ein optimales Material, um verschiedene Fähigkeiten der Kinder zu fördern – auch das Abstraktionsvermögen. Bitten Sie die Eltern der Kinder um alte Knöpfe, falls Sie noch keine Knopfkiste haben. Die Knöpfe werden auf einen großen Teller oder ein Tablett geschüttet, sodass manche zu sehen und andere verdeckt sind.

Die Kinder sitzen im Stuhlkreis um das Tablett, sodass alle die Knöpfe sehen können. Sie oder das erste Kind beginnen und beschreiben einen Knopf oder mehrere Knöpfe, falls von einem Knopf mehrere vorhanden sind: „Ich sehe einen Knopf (Knöpfe), der ist viereckig und schwarz und hat zwei Löcher."

Bei diesem Spiel wird das Abstraktionsvermögen stärker gefördert als bei dem klassischen „Ich sehe was, was du nicht siehst", weil die Knöpfe sich womöglich ähnlich sehen.

Tipps für die Elternarbeit

Eltern, deren Kinder durch mangelndes Abstraktionsvermögen auffallen, sollten Sie vor allem raten, dass sie die Wahrnehmung ihres Kindes überprüfen lassen. Da die Entwicklung des Abstraktionsvermögens bereits im Säuglingsalter einsetzt, können unter Umständen Störungen vorhanden sein, die im Alltag nicht auffallen.

Unabhängig von einer möglichen Einzelförderung können die Eltern ihre Kinder mit Spielen wie den oben beschriebenen und kleinen Aufgaben fördern. Die Technik und die Zeitknappheit der Eltern hat dazu geführt, dass Kinder immer weniger in den Alltag eingebunden werden, dabei unterstützen alltägliche Aufgaben nebenbei die Entwicklung des Abstraktionsvermögens. Ob das Decken des Tisches, das Einräumen des Bestecks oder das Sortieren der Socken nach Farbe und Größe – hier wird von dem Kind verlangt, dass es Gemeinsamkeiten und Unterschiede erkennt und Gegenstände entsprechend sortiert. Ermuntern Sie daher die Eltern, solche Aufgaben im Alltag zu suchen und wahrzunehmen, damit helfen sie ihrem Kind nicht nur bei der Entwicklung des Abstraktionsvermögens.

Weitere Fördermöglichkeiten

Auch bei Auffälligkeiten hinsichtlich des Abstraktionsvermögens ist der Kinderarzt die erste Anlaufstelle. Schließlich muss ausgeschlossen werden, dass die Schwierigkeiten medizinische Ursachen, z. B. Seh- oder Wahrnehmungsstörungen haben. Der Kinderarzt kann jedoch auch an den Logopäden oder Ergotherapeuten überweisen, dann übernimmt die Krankenkasse in der Regel die Förderung. Ein Logopäde oder Ergotherapeut wird in Einzelförderung mit dem Kind die Fähigkeit zur Wahrnehmung von Unterschieden und Gemeinsamkeiten schrittweise aufbauen.

Hilfreiche Literatur zur Förderung des Abstraktionsvermögens

- Heike Tenta: ... acht, neun, zehn. Die Zahlen von 0 bis 10 im Kindergarten spielerisch kennenlernen, München 2009
- Irmgard M. Burtscher: Das große Kita-Bildungsbuch Naturwissenschaft, Mathematik und Technik. Alles für fragende und forschende Kinder, München 2008
- Antje Suhr: Zahlen hüpfen – Buchstaben springen. Bewegungsspiele zur ganzheitlichen Schulvorbereitung, München 2009[6]

RÄUMLICHE UND ZEITLICHE ORIENTIERUNG

Welche Fähigkeiten beinhalten die räumliche und zeitliche Orientierung?

Die Orientierung in Zeit und Raum ist eine Fähigkeit, die nicht losgelöst von vorher beschriebenen Kompetenzen gesehen werden kann, sie entwickelt sich durch Bewegung im Raum, sie ist abhängig von der visuellen Wahrnehmung und schließlich benötigt sie die Sprache, um „oben" und „unten", „links" und „rechts", „vor" oder „hinter", „nachher" und „vorher" etc. zu bezeichnen.

Da diese Fähigkeit jedoch eine wichtige Vorläuferfähigkeit ist, wird sie hier noch ausführlich thematisiert. Dass ein Kind beim Schreiben und Lesen die Richtung einhalten und sich damit räumlich orientieren muss, leuchtet ein. Auch nachvollziehbar ist, dass es Bilder in Bildergeschichten nur zuordnen kann, wenn es ein Gefühl für „vorher" und „nachher" hat. Erst in den letzten Jahren hat sich jedoch in Forschungen zur Rechenschwäche gezeigt, dass auch für die Mathematik die Fähigkeit zur räumlichen Orientierung eine wichtige Grundlage ist. Ein Kind, dem das Gefühl für „vor" und „nach" fehlt, wird sich schwer tun, einen Vorgänger und Nachfolger im Zahlenraum zu bestimmen. Und ein Kind, das nicht einschätzen kann, was „über" und „unter" bedeutet, bekommt nicht leicht einen Zugang zum Dezimalsystem unserer Zahlen.

Die Entwicklung des Raumgefühls beginnt in dem Moment, in dem ein Kind krabbelt. Es erlebt Entfernungen und lernt unbewusst, Entfernungen einzuschätzen. Diese Erfahrung wiederholt sich beim Laufen, doch es hat sich gezeigt, dass gerade das mühsame und langsame Krabbeln wertvolle Erfahrungen vermittelt, die dauerhaft wirken.

Das Gefühl für die zeitliche Orientierung entwickelt sich viel später, oftmals erst im Jahr vor der Einschulung. Das hängt damit zusammen, dass die zeitliche Orientierung eng mit der Sprache verknüpft ist. Während man im Raum sagen kann, „geh dorthin" oder sogar nur auf eine Stelle zeigt, ist das in der Zeit nicht möglich. Begriffe wie „später" sind ungenau und Formulierungen wie „in einer Stunde" oder „morgen" setzen Kenntnisse über die Zeit voraus.

Wie erkenne ich Probleme und Auffälligkeiten?

Anzeichen im Alltag

Störungen in der räumlichen Entwicklung zeigen sich vor allem bei Spaziergängen und im Spiel – sowohl beim Brettspiel als auch bei Bewegungsspielen. Aber auch Kinderzeichnungen können Aufschluss darüber geben, wie ausgeprägt die Raumorientierung eines Kindes ist.

Räumliche Orientierung

- Das Kind verteilt beim Malen die Gegenstände unstrukturiert auf das Blatt, Wolken sind unterhalb eines Baumes o. Ä.
- Das Kind verläuft sich im Gebäude auch nach zwei oder drei Jahren noch.
- Das Kind baut gar nicht oder nur auf Aufforderung mit Bausteinen.
- Das Kind hat Schwierigkeiten, ein vorgegebenes Muster nachzubauen.
- Das Kind lehnt Labyrinthspiele ab, sowohl Hand- als auch Brettspiellabyrinthe.
- Das Kind tut sich schwer, Buchstaben oder Zahlen in Schreibrichtung nachzuzeichnen. (Es beginnt z. B. die 1 unten rechts und nicht links in der Mitte.)
- Das Kind wählt nie freiwillig Steckspiele, bei denen es vorgegebene Muster stecken muss.
- Bei Spielen wie „Blinde Kuh“ oder „Topf schlagen“ benötigt das Kind deutlich länger als andere Kinder, bis es das Ziel gefunden hat.
- Bei Beschreibungen kann das Kind nicht die richtigen Begriffe verwenden wie „oben“, „unten“, „über“, „unter“ usw.

Zeitliche Orientierung

- Das Kind kann auch kurz vor der Einschulung noch nicht „gestern“ und „morgen“ unterscheiden.
- Das Kind kann drei oder vier Bilder einer Bildergeschichte nicht in eine zeitliche Abfolge bringen.
- Das Kind kann bei zwei Bildern nicht sagen, welches „vorher“ und welches „nachher“ anzeigt.

- Das Kind fragt am Vormittag alle paar Minuten nach, wenn Sie es auf den Nachmittag verwiesen haben.
- Das Kind bringt die Reihenfolge von Ereignissen beim Erzählen durcheinander.

Diagnosemöglichkeiten

Da erst in den letzten Jahren die Bedeutung der räumlichen und zeitlichen Orientierung für die Gesamtentwicklung deutlich wurde, gibt es keine speziellen Testverfahren, die diese Fähigkeit überprüfen.

Anregungen für Diagnose- und Fördermöglichkeiten enthält jedoch das so genannten RZI (Raum-Zeit-Inventar). Es erläutert theoretisch die Zusammenhänge zwischen der Orientierung und dem Lesen-, Rechnen- und Schreibenlernen und enthält Aufgaben zur Diagnose und Förderung.

Fördermöglichkeiten in der Kita

Da die Entwicklung der räumlichen Orientierung schon im Säuglingsalter beginnt, benötigen Kinder, deren Defizite erst kurz vor der Einschulung auffallen, meist eine Förderung durch einen Spezialisten, um den Entwicklungsrückstand aufzuholen. Dennoch können Sie in der Kita diese Kinder unterstützen und gleichzeitig den anderen Kindern helfen, diese Fähigkeit zu verbessern. Die Entwicklung der zeitlichen Orientierung dagegen beginnt erst während der Kindergartenzeit, sodass Sie hier einen wichtigen Beitrag bei der Entwicklung leisten können, indem Sie den Tag deutlich strukturieren, Zeitbegriffe verwenden und erklären, einen Jahreszeitenkalender und eine gut erkennbare Zeiger-Uhr in den Raum hängen. Ergänzend dazu können Sie auch diese Fähigkeiten über die Anregungen bei der visuellen Wahrnehmung und Motorik hinaus mithilfe von Spielen und Übungen fördern.

Weckereinsatz

Es gibt immer Situationen, in denen die Kinder sich auf etwas so sehr freuen, dass sie kaum erwarten können, bis es endlich soweit ist, das kann ein Spaziergang oder ein Besuch bei der Polizei sein, ein gemeinsames Frühstück oder eine Überraschung. Diese Situation können Sie nutzen, um den Kindern ein Gefühl für die Zeit zu vermitteln. Erklären Sie ihnen, dass sie einen Wecker stellen auf die Zeit, in der sie z. B. ihre Jacken anziehen oder aufräumen müssen. Sagen Sie auch, dass das in zwei Stunden o. Ä. ist.
Stellen Sie den Wecker, am besten einen der klassischen Wecker mit Ziffernblatt, Zeiger und einer lauten Klingel. Auf diese Weise bekommen die Kinder ein Gefühl für die Zeitdauer. Das können Sie natürlich auch machen, wenn die Kinder draußen spielen. Dann erklären Sie ihnen, dass sie nun z. B. 15 Minuten spielen dürfen und dann der Wecker klingelt.

Wichtig ist, dass Sie Zeitpunkt und Zeitspanne nennen, damit die Kinder ein Gefühl für die jeweilige Zeitspanne bekommen. Ergänzend können Sie auch auf einer Pappuhr den Zeitpunkt einstellen, sodass die Kinder die derzeitige Zeit mit der Zeit des erwarteten Zeitpunkts selbstständig abgleichen können.

Mondgesicht

Dieses Spiel, das die räumliche Orientierung fördert und fordert, macht den Kindern, die gerade an der Reihe sind, ebensoviel Spaß wie den zuschauenden Kindern.
Nacheinander werden den Kindern die Augen verbunden. Die Aufgabe ist nun, mit verbundenen Augen ein Mondgesicht zu malen. Die Kinder werden an den Platz geführt, wo Blatt und Stift liegen und malen nun nach dem Spruch „Punkt, Punkt, Komma, Strich, fertig ist das Mondgesicht“ zwei Punkte (Augen), einen gebogenen Strich (Nase), einen Querstrich (Mund) und einen Kreis um die Zeichen herum (Gesichtsform).
Sie sollten den Kindern vorher einmal erklären, was sie malen sollen. Es gibt keine Gewinner oder Verlierer, sondern nur viel Spaß beim Betrachten der verrückten Kunstwerke, die die Kinder anschließend – sehend – bunt ausmalen dürfen.

Angelspiel

Verfügen Sie in Ihrer Gruppe noch über ein Angelspiel, bei dem mithilfe eines an einer Angel befestigten Magneten Fische geangelt werden müssen? Dann setzen Sie es doch zur Förderung der räumlichen Orientierung ein: Während nach dem klassischen Spielprinzip geangelt wird, ohne in den „Angelteich“ zu sehen, darf sich bei diesem Spiel das Kind, das angelt, einen Helfer aussuchen. Der Helfer darf in die Kiste mit den Fischen schauen und Anweisungen geben wie „rechts“, „links“, „höher“, „tiefer“ etc. So bekommt das Spiel eine neue Dimension, macht noch mehr Spaß und trainiert das Richtungsdenken der Kinder.

Tipps für die Elternarbeit

Das Raum- und Zeitgefühl der Kinder entwickelt sich grundsätzlich nebenher im Alltag durch Bewegung, Gespräche und Handeln. Es ist daher wichtig, die Eltern auf diesen Zusammenhang hinzuweisen.

Die räumliche Orientierung wird im Elternhaus durch großflächige Bewegungen, auf dem Spielplatz, beim Spaziergang, im Schwimmbad etc. gefördert, hier ist nicht unbedingt ein eigener Garten nötig. Aber auch Bausteine und Spieleklassiker wie „Vier gewinnt", „Yenga" und „Das verrückte Labyrinth" setzen räumliches Denken voraus und trainieren dies. Oftmals müssen Sie die Eltern nur auf die Bedeutung solcher Spiele hinweisen, die nicht selten ungenutzt im Schrank liegen.

Falls Ihnen besondere Schwierigkeiten bei einem Kind auffallen, sollten Sie den Eltern empfehlen, die Orientierungsfähigkeit überprüfen zu lassen und eine spezielle Förderung wahrzunehmen.

Um die Entwicklung der zeitlichen Orientierung, die erst mit ca. vier Jahren beginnt, zu unterstützen, müssen Eltern ihre Kinder „nur" in den zeitlichen Verlauf des Tages, der Woche, des Monats einbinden, z. B. mithilfe eines Familienkalenders, in den Termine eingetragen werden und bei dem der aktuelle Tag durch eine Markierung hervorgehoben wird. Durch eine Uhr mit Zeiger und Ziffernblatt in der Küche oder im Flur gewöhnt das Kind sich an verschiedene Zeiten und merkt sich z. B. die Zeit, in der es zu Bett geht etc. Die Eltern sollten durchaus darauf verweisen, dass es nun z. B. 20.00 Uhr ist, also Zeit zum Schlafengehen. Hier kann sogar das Fernsehen einen nützlichen Dienst erweisen, wenn die Eltern dem Kind erklären, bei welcher Zeigerstellung und welcher Uhrzeit es den Fernseher für die Lieblingssendung einschalten darf.

Weitere Fördermöglichkeiten

Ein Kind, das im Jahr vor der Einschulung deutliche Orientierungsprobleme hat, benötigt unbedingt eine spezielle Förderung. Ein Kinderarzt oder ggf. Fachärzte sollten klären, ob Wahrnehmung und Gleichgewichtssinn gestört sind. Sie werden das Kind an einen Ergo- oder Physiotherapeuten oder Motopäden überweisen, der dem Kind hilft, die Entwicklungsrückstände aufzuholen.

Hilfreiche Literatur zur Förderung der räumlichen und zeitlichen Orientierung

- Jutta Bläsius: Drei Minuten Bewegung. Übungen für zwischendurch in Kita und Schule, München 2009[4]
- Rosemarie Portmann: Die 50 besten Bewegungsspiele, München 2009
- Waltraud Herdtweck: Die Rhythmikwerkstatt, München 2005[2]
- Charmaine Liebertz: Spielekartei Bewegung und Rhythmus, Pädagogische Schatzbriefe, München 2008
- Bettina Scheer / Elke Gulden: Musikstopp-Spiele. Bewegungsspaß in Kita und Grundschule, München 2009[4]

LOGISCHES DENKEN

Welche Fähigkeiten beinhaltet das logische Denken?

Mit dem Begriff „Logisches Denken“ wird die Fähigkeit bezeichnet, schlussfolgernd zu denken, also Zusammenhänge zu erkennen und sie auf andere Phänomene zu übertragen. Nach der Theorie Piagets sind Kinder dazu erst ab ca. elf Jahren in der Lage, Studien und Beobachtungen im Alltag zeigen jedoch, dass durchaus auch Vorschulkinder schon logisch denken können, ein Beispiel: Die Eltern schicken ein Kind ins Bett. Als es sich weigert, erklären sie ihm, es müsse schlafen, weil es dunkel sei und alle Menschen schliefen, wenn es dunkel sei. Ein Kind, das schlussfolgernd denkt, stellt sich nun z. B. die Frage, ob auch Lokomotivführer oder Polizisten nachts schlafen. Diese Fähigkeit entwickelt sich in erster Linie durch Beobachten und Zuhören, das heißt, die auditive und visuelle Wahrnehmung muss gut ausgeprägt sein, damit ein Kind diese Fähigkeit entwickeln kann.

Wie erkenne ich Probleme und Auffälligkeiten?

Anzeichen im Alltag

Die Zeitspanne, in der Kinder beginnen logisch zu denken, ist sehr groß, sodass es kaum möglich ist, Anzeichen zu benennen, die im Vorschulalter auf eine Störung hinweisen. Die im Folgenden genannten Situationen sind daher als Hinweis zu verstehen, das Kind genauer zu beobachten – auch im Hinblick auf Störungen in der visuellen und auditiven Wahrnehmung.

- Das Kind kann zwei Bilder, die deutlich Vorher-Nachher-Situationen zeigen (z. B. ein Kind hat auf einem Bild nur ein Kleidungsstück an, auf dem anderen Bild ist es vollständig bekleidet) nicht in die richtige Reihenfolge bringen.
- Das Kind benutzt öfter falsches Arbeitsmaterial, es will z. B. ein Blatt mit dem Messer schneiden oder eine Suppe mit der Gabel essen.

- Das Kind kann keine Wenn-Dann-Beziehungen herstellen und verstehen (z. B. wenn ich durch den Rasensprenger laufe, dann werde ich nass).
- Das Kind tut sich schwer bei komplexeren Geschichten oder Bilderbüchern, in denen es Zeit- oder Ortsprünge gibt.
- Dem Kind fällt es schwer, Reihen zu ergänzen, z. B. ein Muster beim Auffädeln der Perlen weiterzuführen.
- Das Kind stellt nie oder auffällig weniger oft als andere Kinder Warum-Fragen.

Diagnosemöglichkeiten und Testverfahren

Der bekannteste Test, der zur Testung der Intelligenz bei Kindern ab sechs Jahren eingesetzt wird, ist der HAWIK-IV (Hamburg-Wechsler-Intelligenztest für Kinder IV). In 15 Untertests werden verschiedene Aspekte der Intelligenz überprüft.

Fördermöglichkeiten in der Kita

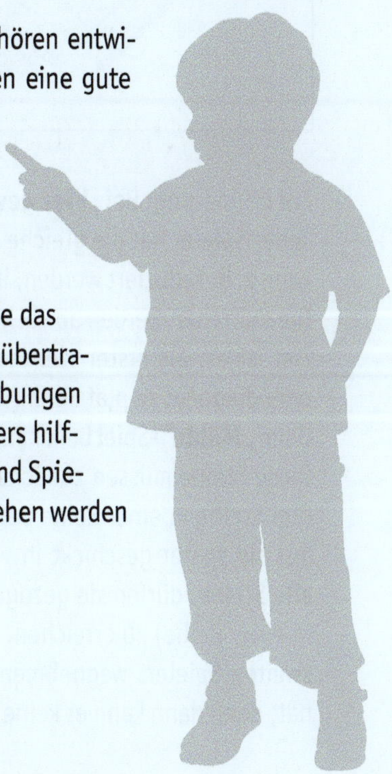

Da sich logisches Denken durch Beobachtung und Zuhören entwickelt, bietet die Kita mit ihren vielfältigen Angeboten eine gute Basis. Ob beim Basteln, Backen, Experimentieren oder Anschauen von Bilderbüchern – es gibt immer Wenn-Dann-Situationen, mit denen die Kinder sich auseinandersetzen müssen bzw. können. Wie ausgeprägt das logische Denken der Kinder ist, wird an den Fragen der Kinder deutlich, sie lassen erkennen, ob sie das Gehörte oder Gesehene auch auf andere Situationen übertragen. Viele der bei anderen Fähigkeiten genannten Übungen und Spiele fördern auch das logische Denken, besonders hilfreich sind Ausflüge, Experimente, Bildergeschichten und Spiele, bei denen mögliche Züge des Mitspielers vorhergesehen werden müssen.

Vier gewinnt oder Mühle

Es gibt einige Brett- bzw. Gesellschaftsspiele, die das logische Denken fördern. Sie setzen voraus, dass Spieler über ihren eigenen Zug hinaus überlegen, welche Züge der Spielpartner machen könnten und welche Folgen diese Züge für das eigene Spiel haben können.
In manchen Kitas werden bereits Schachkurse für Vorschulkinder angeboten, die das logische Denken in hohem Maß fördern. Der Nachteil dieses Angebotes ist, dass die Schachregeln komplex sind und über einen längeren Zeitraum erarbeitet werden müssen und ein spontanes Spiel schon aus Zeitgründen nicht möglich ist. Anders ist es mit Spielen wie „Vier gewinnt" oder „Mühle". Die Regeln sind relativ leicht verständlich und die Spiele sind fast in jeder Einrichtung vorhanden.

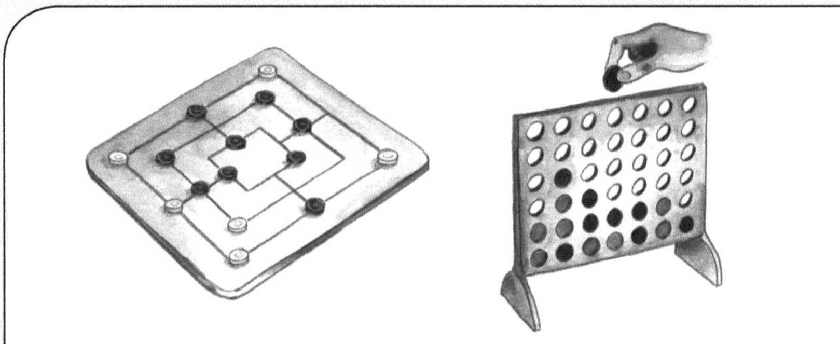

Zur Erinnerung: Bei **„Vier gewinnt"** spielen zwei Spieler gegeneinander.
Jeder Spieler hat die gleiche Anzahl von Farbplättchen einer Farbe, die Spielzeit kann z. B. reduziert werden, indem jedes Kind nur zehn Farbplättchen erhält.
Die Plättchen werden abwechselnd in das Spielfeld-Gestell geworfen.
Ziel ist es, als erster vier Plättchen seiner Farbe nebeneinander, übereinander oder diagonal zu platzieren.
Beim **„Mühle"**-Spiel bekommt jeder der beiden Spieler neun Steine in einer Farbe. Diese Steine müssen zunächst so auf dem Spielbrett platziert werden, dass sich drei Steine in einer Reihe befinden (oder dass sie an einer Stelle liegen, von wo aus sie später geschickt in viele Richtungen gezogen werden können). Liegen alle Steine, dürfen sie gezogen werden. Ziel bleibt, eine Mühle (also drei Steine in einer Reihe) zu erreichen. Wer eine Mühle legen konnte, darf einen Stein des zweiten Spielers wegnehmen. Es verliert, wer zuerst nur noch zwei Spielsteine hat, denn dann kann er keine Mühle mehr legen.

Wenn-Dann-Spiel

Mit diesem Spiel werden gleichzeitig die Vorstellungskraft und das logische Denken geschult. Dafür setzen Sie sich mit den Kindern in den Stuhlkreis. Sie benötigen eine Flasche oder einen Kegel und legen den Gegenstand in die Mitte auf den Boden. Das Spiel beginnt damit, dass Sie einen Satzanfang mit „Wenn ..." formulieren, z. B. „Wenn es morgen schneit ...". Nun drehen sie die Flasche. Das Kind, auf das die Flasche zeigt, darf den Satz ergänzen, die Ergänzung muss mit dem Wort „dann" beginnen, z. B. „... dann baue ich einen Schneemann." Alle entscheiden gemeinsam, ob der Satz sinnvoll und logisch ist. Wenn er logisch ist, darf das Kind die Flasche drehen. Das Kind, auf das die Flasche nun zeigt, formuliert wiederum einen Satzanfang mit „Wenn ..." und dreht die Flasche. Das nächste Kind führt den Satz fort.

Erklären Sie den Kindern das Spiel anhand eines Beispiels, z. B. „Wenn ich mein Fahrrad nicht abschließe, dann kann es gestohlen werden." Sie können jeden beliebigen Satzanfang wählen, hier sind einige Beispiele:

„Wenn es regnet ..."

„Wenn die vierte Adventskerze angezündet wird ..."

„Wenn ich mein Zimmer nicht aufräume ..."

Tipps für die Elternarbeit

In einer Zeit, in der die Angebote der Medien zu und das Live-Erleben und Sprechen abnehmen, sollten Sie allen Eltern empfehlen, ihren Kindern möglichst viele Erlebnisse unterschiedlicher Art zu verschaffen, um das logische Denken zu entwickeln. Das kann eine Fahrt mit dem Zug sein, der Besuch eines Zoos oder eine Betriebsbesichtigung, das gemeinsame Backen von Plätzchen und das Zusammenbauen eines Modellautos. Immer erlebt das Kind, dass Dinge in einem Zusammenhang stehen. Je neugieriger und kreativer ein Kind ist, umso eher wird es beginnen, die neuen Erkenntnisse auf andere Situationen zu übertragen, z. B.: Wenn ich Plätzchen im Ofen backen kann, kann ich dann auch Kartoffelpüree backen? Was passiert mit dem ...?

Selbst so einfache Dinge wie Seifenblasen vermitteln ein Wenn-Dann-Erlebnis: Tauche ich ein kleines rundes Ding in Wasser und puste durch den Ring, passiert nichts, tauche ich es in Spülmittel, geschieht auch nichts, mische ich aber Wasser mit Spülmittel, dann entstehen Seifenblasen.

Entscheidend für die Entwicklung des logischen Denkens ist ein anregendes Umfeld, in dem sich viel ereignet, über das das Kind nachdenken kann – und das ist nicht vom Platz oder Geld abhängig, sondern von der Neugier der Eltern.

Weitere Fördermöglichkeiten

Ein Kind, das sich schwer tut mit dem logischen Denken, benötigt eine besonders intensive Förderung. Diese sollte jedoch erst einsetzen, wenn Kinder- und Fachärzte überprüft haben, ob das Kind geistig zu einer höheren Denkleistung fähig ist, unter Umständen liegen auch organische Gründe vor, die bis dahin nicht aufgefallen sind.

Je nach der Empfehlung der Ärzte können Ergotherapeuten, Heilpädagogen oder Sonderpädagogen den Kindern helfen, ihre Denkfähigkeit zu stärken.

Hilfreiche Literatur zur Förderung des logischen Denkens

- Irmgard Burtscher: Das große Kita-Bildungsbuch Naturwissenschaft, Mathematik Technik. Alles für fragende und forschende Kinder, München 2008
- Heike Tenta: ... acht, neun, zehn. Die Zahlen von 0 bis 10 im Kindergarten spielerisch kennenlernen, München 2009
- Monika Bezdek / Petra Bezdek: Kinder entdecken Erde, Feuer, Wasser, Luft, München 2009

MENGEN- UND ZAHLENSINN

Welche Fähigkeiten beinhalten Mengen- und Zahlensinn?

Schon mit drei Jahren beginnen Kinder Zahlwörter zu sprechen und Zahlwortreihen aufzusagen. Nicht immer stimmt die Reihenfolge, doch die Kinder wissen, dass es Wörter gibt, die in irgendeiner Weise zusammengehören.

Bis zur Einschulung haben die meisten Kinder erkannt, dass die Zahlen manchmal mit Mengen verknüpft sind, z. B. die Angabe „vier Stühle“, dass Zahlen manchmal aber auch einen Platz angeben, z. B. „du bist dritter geworden“ oder „du darfst als zweiter auf den Turm klettern“.

Wissenschaftliche Studien haben erst vor wenigen Jahren festgestellt, dass Fünfjährige schon rechnen können, wenn auch nicht im mathematischen Sinne von einer Addition (beispielsweise 5 + 7). Sie können jedoch „mehr“ und „weniger“ im Zusammenhang mit Mengen erkennen und benennen und bei Zahlen im Zehnerraum sagen, ob sieben mehr ist als drei.

Die Entwicklung dieser grundlegenden Fähigkeiten nimmt schon im Säuglingsalter ihren Anfang, wenn das Baby unterscheidet, ob ein oder zwei Menschen sich über sein Bettchen beugen. Die Wahrscheinlichkeit, dass Kinder ohne den Sinn für Mengen und Zahlen, Schwierigkeiten im Mathematikunterricht bekommen oder sogar unter einer Rechenschwäche leiden, ist deutlich höher als bei Kindern mit ausgeprägtem Mengen- und Zahlensinn.

Wie erkenne ich Probleme und Auffälligkeiten?

Anzeichen im Alltag

In der Kita wird zwar noch nicht gerechnet, dennoch fällt ein unzureichend ausgeprägter Mengen- und Zahlensinn im Alltag oder beim Spielen auf:

- Das Kind ist nicht in der Lage, eine kleine Anzahl von Gegenständen zu holen.
- Dem Kind gelingt es nur selten, eine gewürfelte Zahl richtig auf dem Spielfeld zu gehen.
- Das Kind versteht und verwendet die Begriffe „mehr" und „weniger" nicht oder falsch.
- Das Kind kann nicht sagen, auf welchem Teller mehr oder weniger Plätzchen o. Ä. liegen, wenn die Mengen deutlich unterschiedlich sind (z. B. 1 und 4 oder 5 und 10).
- Das Kind kann im Zehnerbereich nicht eine Zahl einer Menge zuordnen, also z. B. nicht sagen: „Das sind drei Stühle".
- Das Kind kann die Anzahl der Finger, die ihm gezeigt werden, nicht benennen.
- Während die anderen Kinder mit Begeisterung Aufgaben lösen, in denen die Zahlen von 1 bis 20 zu Bildern verbunden werden müssen, lehnt das Kind diese Aufgabe ab oder drückt sich davor.
- Das Kind kann auch im Jahr vor der Einschulung die Zahlwortreihe von 1 bis 20 nicht fehlerlos aufsagen.
- Das Kind erkennt nicht, dass eine Menge gleich bleibt, auch wenn sie zusammen- oder auseinander geschoben wird.

Diagnosemöglichkeiten und Testverfahren

Die Überprüfung des Mengen- und Zahlensinns ist ein Teilbereich der so genannten Testbatterie ZAREKI-K (Zahlenverarbeitung und Rechnen bei Kindern). Hierbei handelt es sich um einen individuell durchzuführenden Test, mit dem die Entwicklungsrisiken in Bezug auf eine Rechenschwäche überprüft werden.

Fördermöglichkeiten in der Kita

In der Kita werden ebenso wie in der Familie täglich Zahlen und Mengen erwähnt und benannt. Es geht vor allem darum, die Aufmerksamkeit der Kinder darauf zu lenken und die Zahlen und Mengen bewusst zu machen. Selbst die verschiedenen Aspekte von Zahlen werden gelebt, ohne dass spezielle Übungen oder Spiele nötig sind:

- **Anzahl:** Die Zahl bezeichnet, wie viele Dinge von etwas Bestimmtem vorhanden sind, z. B. vier Teller.
- **Ordnung:** Die Zahl gibt an, an welcher Stelle ein Gegenstand oder Mensch in einer Reihe einnimmt, z. B. Nummer 3.
- **Operator:** Die Zahl bezeichnet das Vielfache eines Gegenstandes, z. B. doppelt so hoch.
- **Maßzahl:** Die Zahl wird im Zusammenhang mit Größen eingesetzt, z. B. 2 Meter.
- **Rechnen:** Die Zahl stellt das Ergebnis einer mathematischen Verknüpfung dar, z. B. eine Summe, also 2 + 3 = 5.

Ob beim Abzählen, ob alle Kinder da sind, oder beim Aufteilen in Gruppen, beim Verteilen der Geburtstagsmuffins oder beim Zerschneiden der Pizza, Sie müssen immer zählen; tun Sie das doch einfach laut. Dadurch erleben die Kinder all die oben beschriebenen Aspekte der Zahlen und verknüpfen sie mit Situationen, die ihnen in der Schule von Nutzen sein werden.

In jedem Fall sollten Sie alle Würfel- und Laufspiele, die sich in den hintersten Schrankecken befinden, wieder nach vorne holen und sie gelegentlich einsetzen bzw. spielen lassen. Vielleicht haben Sie ja auch Gelegenheit, eine der folgenden Anregungen auszuprobieren.

Spinnennetz

Fast alle Kinder lieben Arbeitsblätter, bei denen sie Zahlen verbinden müssen, um anschließend den Umriss eines Bildes zu erkennen. Diese Übung können Sie auch im Turnraum oder auf dem Rasen spielen. Dafür benötigen Sie Zettel oder Karten mit den Zahlen von 1 bis x, je nach Anzahl der Kinder, und ein Wollknäuel.

Ein Kind – z. B. das Geburtstagskind – ist der „Zeichner", es bleibt zunächst neben Ihnen stehen. Die anderen Kinder bekommen Blätter mit den Zahlen. Die Kinder verteilen sich in der Turnhalle oder auf dem Rasen und stellen sich so hin, dass die Zahlenzettel zu Ihnen zeigen. Nun erhält der „Zeichner" das Wollknäuel. Es sucht zunächst das Kind mit der Zahl 1. Dieses Kind muss den Anfang des Wollfadens festhalten. Nun geht der „Zeichner" mit dem Wollknäuel von Kind zu Kind, von Zahl 2 weiter in der richtigen Reihenfolge. Dabei wickelt es den Faden allmählich vom Wollknäuel ab und gelangt am Ende wieder zu dem Kind mit der Zahl 1.

Zahlentanz

Diese Übung eignet sich dazu, etwas Bewegung in die Gruppe zu bringen und gleichzeitig ein Gefühl für Zahlen zu entwickeln. Allerdings ist ein bisschen Vorbereitung dafür nötig, es sei denn, Sie haben in Ihrer Gruppe so viele Magnet- oder Holzzahlen, dass jedes Kind eine Zahl bekommen kann. Wenn das nicht der Fall ist, lassen Sie die Kinder eine beliebige Zahl auf ein Blatt malen. Weisen Sie darauf hin, dass sie nur eine Zahl bzw. Ziffer schreiben sollen, also nur „1“ oder „3“. Nachdem die Kinder die Zahlen gemalt haben, verteilen sie sich mit ihren Zetteln im Raum. Sie legen die Zettel auf den Boden und stellen sich darauf.

Spielen Sie von CD-Spieler oder Kassettenrecorder eine beliebige Musik ab und fordern Sie die Kinder auf, zur Musik zu tanzen. Dabei müssen sie ihre Zahl verlassen. Nehmen Sie einen Zettel weg. Wenn nach einer Weile die Musik gestoppt wird, sollte sich jedes Kind schnell auf eine Zahl stellen. Das Kind, das keinen leeren Zettel findet, darf eine Zahl zwischen 1 und 9 nennen. Alle Kinder schauen nun, wer auf einem Zettel mit dieser Zahl steht. Hat keiner die Zahl, scheidet das Kind aus. Steht nur ein Kind auf der Zahl, scheidet dieses Kind aus. Gibt es mehrere Zettel mit der Zahl, darf das Kind, das die Zahl genannt hat, ein Kind auswählen, das ausscheidet.

Sie können das Spiel so lange spielen, bis nur noch ein Kind übrig ist. Sie können es aber je nach Anzahl der Kinder und je nach verfügbarer Zeit auch schon früher beenden.

Würfelbingo

Das Spiel „Würfelbingo“ basiert auf dem Prinzip des klassischen Bingospiels: Jeder Spieler hat ein Spielfeld vor sich und muss prüfen, ob bestimmte Zahlen in dem Feld enthalten sind. Beim Würfelbingo werden keine Karten gezogen, sondern es wird gewürfelt.
Im ersten Schritt erstellen die Kinder ihr eigenes Spielfeld. Hier beschäftigen sie sich bereits mit den Würfelbildern, da sie die Würfelbilder malen müssen. Um den Kindern den Start zu erleichtern, sollten Sie Blätter vorbereiten, auf denen bereits 4 x 4 leere Kästchen, ca. 4 x 4 cm, vorgezeichnet sind. Die Kinder malen nun in jedes Feld ein Würfelbild, sie dürfen selbst aussuchen, wie viele Augen sie jeweils in die Kästchen malen.
Wie groß die Gruppe ist, mit der Sie das Würfelbingo spielen, hängt von der Gruppe und der Größe des Würfels ab. Wenn die Gruppe sich gut konzentrieren kann und Sie über einen großen Schaumstoffwürfel verfügen, können Sie das Spiel auch im Stuhlkreis mit allen Kindern spielen. Sie würfeln mit dem Würfel und alle Kinder schauen nun, ob sie das Würfelbild auf ihrem Spielfeld haben. Falls das der Fall ist, dürfen sie es ankreuzen oder bunt ausmalen. Dann wird das nächste Mal gewürfelt. Gewonnen hat, wer als erster drei Felder nebeneinander oder übereinander angekreuzt oder ausgemalt hat.

Tipps für die Elternarbeit

Die Förderung des Gefühls für Mengen und Zahlen erfolgt im Familienalltag häufig nebenbei. Wenn das Kind den Tisch decken und jeweils vier Teller, Tassen, Löffel, Messer etc. aus Schrank oder Schublade nehmen muss, entwickelt es bereits ein Gefühl für Mengen. Sind dann gar nur drei Teller im Schrank, weil die anderen im Spülbecken oder in der Spülmaschine sind, ergibt sich schon eine kleine Rechenaufgabe: Wie viele Teller fehlen noch?

Ermuntern Sie die Eltern, Ihre Kinder stärker in solche Aufgaben, bei denen gezählt werden muss, einzubeziehen. Auch beim Einkaufen wird gezählt, wenn eine bestimmte Anzahl Milchflaschen oder Nudelpackungen benötigt wird. Eltern, die ihre Kinder auf diese Weise beim Einkauf beschäftigen, entlasten sich selbst, weil die Kinder sich nicht langweilen. Sie vermitteln den Kindern Erfolgserlebnisse, die das Selbstbewusstsein stärken, und schaffen eine gute Grundlage für einen erfolgreichen Mathematikunterricht.

Darüber hinaus sollten Sie Eltern anregen, wieder mehr zu spielen. Dazu sind nicht einmal neue Spiele nötig. In nahezu jeder Familie gibt es eine Spielesammlung mit einem „Mensch-ärgere-dich-nicht“ oder einem anderen so genannten Laufspiel, inklusive Spielfiguren und Würfel. Geben Sie den Eltern den Tipp, mit zwei Würfeln zu spielen, so muss das Kind immer kleine Rechenaufgaben lösen, auch wenn es die Anzahl der Spielfelder abzählt, entwickelt sich doch ein Grundverständnis für Zahlen und Addition.

Weitere Fördermöglichkeiten

Bei der Förderung des Mengen- und Zahlensinns erhalten Eltern und Kita in erster Linie Unterstützung durch Lerntherapeuten oder private Lerncenter. Auch manche Ergotherapeuten bieten spezielle Kurse oder Einzelmaßnahmen für Kinder mit diesen Schwierigkeiten an. Falls neben dem Mengen- und Zahlensinn keine Wahrnehmungsstörungen oder motorischen Schwierigkeiten vorliegen, wird sich ein Kinderarzt mit der Unterstützung schwer tun. Liegen jedoch weitere Störungen vor, kann er an einen Ergotherapeuten überweisen, dann sollten die Eltern sich erkundigen, ob der Ergotherapeut auch Übungen zum Mengen- und Zahlensinn in die Förderung aufnehmen kann. Bei einer Überweisung vom Kinderarzt zum Ergotherapeuten übernimmt meist die Krankenkasse die Kosten. Die Kosten für einen Lerntherapeuten oder eine Förderung im privaten Lerncenter werden von den Eltern in der Regel selbst getragen.

Hilfreiche Literatur zur Förderung des Mengen- und Zahlensinns

- Antje Suhr: Zahlen hüpfen – Buchstaben springen. München: Don Bosco 2008[4]
- Heike Tenta: ... acht, neun, zehn. Die Zahlen von 0 bis 10 im Kindergarten spielerisch kennenlernen, München 2009
- Rosemarie Portmann: Die 50 besten Spiele rund um Zahlen, München 2009

EMOTIONALE UND SOZIALE KOMPETENZ

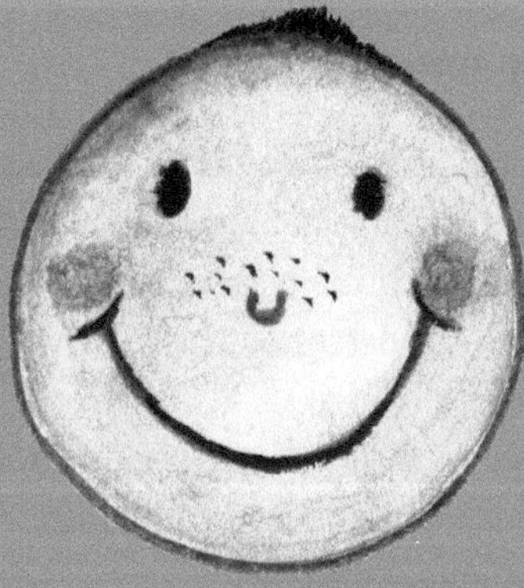

Welche Fähigkeiten beinhalten emotionale und soziale Kompetenz?

Die emotionalen und sozialen Kompetenzen sind eng miteinander verbunden, daher werden sie hier auch in einem Kapitel dargestellt. Auch wenn die „emotionalen Kompetenzen" erst seit Mitte der 90er Jahre intensiv erforscht wurden, wurde doch bereits deutlich, dass Kinder mit einer gut ausgeprägten emotionalen Kompetenz sich auch im Umgang mit anderen Kindern leichter tun. So zeigte sich, dass Kinder, die im Vorschulalter die Gefühle der anderen an Mimik und Stimmlage erkennen konnten, auch in der Schule beliebter waren als Kinder, denen diese Fähigkeit im Vorschulalter fehlte. Selbst ein Zusammenhang zwischen der emotionalen Kompetenz und dem Schulerfolg konnte inzwischen nachgewiesen werden.

Emotionale Kompetenz

Als emotionale Kompetenz wird die Fähigkeit bezeichnet, eigene Gefühle und die Gefühle anderer Menschen wahrzunehmen, einzuordnen und zu benennen sowie eigene Gefühle auszudrücken und zu kanalisieren bzw. regulieren. Im Allgemeinen werden fünf Bereiche der emotionalen Kompetenz unterschieden:

- Fähigkeit zur Wahrnehmung der eigenen Emotionen und fremder Emotionen (vor allem die so genannten primären Emotionen: Angst, Ärger, Traurigkeit, Freude, Überraschung, Interesse)
- Verständnis von Emotionen, also Einordnung der Mimik, Sprache, Stimmlage
- Sprachliche Bezeichnung von Emotionen
- Ausdruck eigener Emotionen
- Regulation von Emotionen, z. B. durch Kontakt mit einem anderen Menschen, dadurch, dass die Aufmerksamkeit auf etwas anderes gelenkt wird, durch Verhaltensweisen der Selbstberuhigung, Selbstgespräche oder Bewegungen.

Soziale Kompetenz

Unter dem Begriff „soziale Kompetenz“ werden Fähigkeiten im Umgang mit anderen zusammengefasst: sich mit anderen auseinander setzen, miteinander kommunizieren und die anderen in ihrer Persönlichkeit akzeptieren. Voraussetzung dafür sind z. B. das Vertrauen in sich selbst und die emotionale Kompetenz. Wichtige soziale Kompetenzen sind z. B.:

- die Eingliederung in eine Gruppe einschließlich Kompromissfähigkeit
- das Bewusstsein für Regeln und ihre Bedeutung
- die Bedürfnisse des anderen als Grenze des eigenen Handelns zu verstehen
- Einfühlungsvermögen und Rücksichtnahme
- die Fähigkeit, andere verbal und non-verbal zu verstehen und sich mitzuteilen
- ein adäquater Umgang mit Konflikten
- die Fähigkeit, eigene Wünsche zugunsten anderer zurückzustellen
- Offenheit gegenüber Menschen, die anders sind als man selbst

Diese grundlegenden Fähigkeiten für das menschliche Miteinander entwickelt ein Kind bereits vom ersten Lebenstag an, wenn es erlebt, ob ein Erwachsener seine Signale versteht und akzeptiert oder sie nicht beachtet. In den ersten Lebensjahren sind die Erwachsenen die Partner, mit denen ein Kind soziale Kompetenz erwirbt. Doch schon ab dem sechsten Lebensmonat beginnt es, mit Gleichaltrigen zu kommunizieren, durch Blicke, Lächeln, das Erzeugen gleicher Laute und sogar dadurch, dass Interesse am Spielzeug des anderen gezeigt wird, indem man es ihm wegnimmt. Das bedeutet, dass ein Teil der emotionalen und sozialen Entwicklung bereits stattgefunden hat, ehe ein Kind in die Kita kommt.

Wie erkenne ich Probleme und Auffälligkeiten?

Anzeichen im Alltag

Emotionale und soziale Kompetenzen sind komplex und miteinander verbunden. Daher ist es nicht leicht, die Anzeichen für mögliche Entwicklungsverzögerungen den Bereichen zuzuordnen:

Emotionale Kompetenzen

- Dem Kind gelingt es nicht, auf eigene Bedürfnisse oder Gefühle aufmerksam zu machen und es wird auffällig.
- Das Kind versteht die Gefühle anderer Kinder nicht.
- Das Kind kann keine Gesichter gegensätzlicher Emotionen wie Freude und Traurigkeit unterscheiden bzw. an Gesichtern der anderen Kinder keine Emotionen ablesen.
- Das Kind kennt keine Möglichkeiten, seine Emotionen zu regulieren wie Kuscheln, Malen, Wutball, Selbstgespräche, Rituale.
- Das Kind kann seine Gefühle nicht benennen.
- Das Kind interessiert sich nicht für Erlebnisberichte anderer Kinder, auch nicht wenn es sich um besonders emotionale Berichte, z. B. über den Tod des Kaninchens handelt.

Soziale Kompetenzen

- Das Kind kommt mit der Rollenverteilung beim Spiel nicht zurecht und weigert sich mitzuspielen.
- Das Kind reagiert aggressiv bei der Aufteilung von Dingen.
- Das Kind bietet nie Hilfe an, wenn ein anderes Kind nicht zurechtkommt.
- Das Kind hat Probleme, anderen zuzuhören.
- Das Kind baut nie gemeinsam mit anderen einen Turm o. Ä.
- Das Kind wird gewalttätig oder wirft mit Dingen um sich, wenn es im Spiel verliert oder nur eine Figur o. Ä. verliert.
- Das Kind versteht kooperative Spiele nicht, weil es nur in Gewinner- und Verlierer-Dimensionen denkt.
- Das Kind streitet wiederholt um Dinge und steckt nie zurück.

- Das Kind reagiert mit auffälligem Verhalten oder durch Rückzug auf ungerechtfertigte Anschuldigungen, versucht nicht seinen Standpunkt zu erklären.
- Das Kind ist nicht in der Lage, etwas durch Verhandeln zu erlangen.

Diagnosemöglichkeiten und Testverfahren

Es gibt einige Testverfahren, mit denen die soziale und emotionale Entwicklung überprüft wird, z. B.:

- ✔ CBCL 4-18 (Elternfragebogen über das Verhalten von Kindern und Jugendlichen): Mit diesem Fragebogen beschreiben Eltern das Verhalten ihrer Kinder z. B. im Rahmen der Anamnese eines Kinderpsychologen.
- ✔ VBV 3-6 (Verhaltensbeurteilungsbogen für Vorschulkinder): Dieses Testverfahren besteht aus einem Eltern- und einem Erzieherfragebogen, mit denen das Verhalten der Vorschulkinder zur Diagnoseerstellung und Therapieplanung erhoben wird.
- ✔ Im BBK 3-6 (Beobachtungsbogen für 3- bis 6-jährige Kinder) wird neben anderen Fähigkeiten auch die soziale und emotionale Entwicklung überprüft, dieser Test ist gedacht zum Einsatz in Kitas, er kann von Erzieherinnen und Diplom-Pädagogen durchgeführt werden.

Fördermöglichkeiten in der Kita

Die emotionale und soziale Entwicklung ist ohne ein Gegenüber nicht möglich, sie lebt vom Vorbild und vom Umfeld und da bietet die Kita eine Fülle von Modellen durch die Erzieherinnen und die anderen Kinder. Die Aufgabe der Kita ist hier vor allem, Räume für soziale Interaktionen zu schaffen und die Kinder Erfahrungen sammeln zu lassen – gute wie schlechte!

Mit Blick auf die emotionale Kompetenz kommt der Sprache eine besondere Bedeutung zu, hier kann die Kita auffangen, was manche Familien nicht leisten (können). Sie kann Gefühle in Geschichten und Bilderbüchern, Rollenspielen und Gesprächen thematisieren und gefühlsbetonte Anlässe wie den Tod eines Großvaters, die Freude über die Mutter, die aus dem Krankenhaus gekommen ist o. Ä. aufgreifen und mit den Kindern über die Gefühle, die sich dabei einstellen, sprechen. Dazu gehört auch, über Regulationswege zu sprechen, das ist nur in einer offenen Atmosphäre möglich, die in der Kita noch eher gegeben ist als in der Schule. Jedes Regelspiel eignet sich als „Testfeld" für die soziale Kompetenz und jede Freude und Enttäuschung als Anlass für Gespräche über Gefühle. Falls Sie nicht darauf warten möchten, setzen Sie doch folgende Anregungen um:

Rollenspiel

Zwei von Ihnen geführte Handpuppen streiten sich um ein Spielzeug. Es kommt zu einer Schlägerei, bei der Sie die Puppen so führen und bewegen, dass nicht zu erkennen ist, welche gewinnt.
Nun sind die Kinder an der Reihe. Bitten Sie zwei Kinder, die Situation anders darzustellen. Fragen Sie die anderen Kinder, ob sie mit dem Ergebnis zufrieden sind, wenn nicht, lassen Sie zwei weitere Kinder eine Verhaltensalternative vorspielen. So thematisieren Sie Konfliktsituationen und lassen die Kinder selbst eine Lösung finden.

Ich sehe ein Kind, das traurig ist

Für diese Abwandlung von „Ich sehe was, was du nicht siehst“ benötigen Sie ein Bild oder eine Bilderbuchseite, auf der möglichst viele Menschen gut erkennbar dargestellt sind, oder mehrere Bildkarten, auf denen Gefühlsausdrücke von Menschen zu erkennen sind.
Beginnen Sie nun, indem Sie sagen: „Ich sehe ein Kind, das traurig ist“ oder alternativ eine andere Stimmung, je nachdem, welche Gefühle die Kinder auf dem Bild zeigen. Die Kinder suchen auf dem Bild/den Bildern ein Gesicht, das Ihrer Beschreibung entspricht. Das Kind, das als erstes das gesuchte Gefühl entdeckt hat, ist als nächstes an der Reihe.

Faustlos

„Faustlos“ ist ein Curriculum zur Förderung der sozialen Kompetenz für Kindergärten. Es besteht aus einem Handbuch, einem Anweisungsheft, Bildkarten und zwei Handpuppen, mit denen Situationen dargeboten werden können. Das Programm wurde im Rahmen der Gewaltprävention speziell zum Einsatz in Kitas entwickelt (www.faustlos.de).

Tipps für die Elternarbeit

Da sich die emotionalen und sozialen Fähigkeiten der Kinder bereits im Säuglingsalter und nur im Austausch mit anderen entwickeln, kommt dem Elternhaus eine hohe Bedeutung zu. Wichtig ist vor allem das Vorbild der Eltern. Nur in einem Elternhaus, in dem über Gefühle gesprochen und Formen zur Kanalisierung unangenehmer Gefühle gelebt werden, kann ein Kind diese Grundlagen lernen.

Das macht das Gespräch mit den Eltern über dieses Thema nicht leichter, zumal der Umgang mit Gefühlen mit einer Grundeinstellung zum Leben und zu anderen Menschen verknüpft ist, die Erwachsene kaum noch ändern können. Dennoch sollten Sie im Einzelgespräch oder im Rahmen eines Elternbriefes oder Elternabends darauf hinweisen, wie wichtig es ist, dass ein Kind in der Familie lernt, Regeln einzuhalten und Rücksicht auf andere zu nehmen, wie entscheidend es für die Entwicklung des Kindes ist, dass Rücksicht auf das Kind genommen wird, dass es Gefühle zeigen darf und die Gefühle der anderen Familienmitglieder erkennen kann, dass über Gefühle und Konflikte gesprochen wird und Enttäuschungen verarbeitet werden.

Andererseits dürfen Eltern ihren Kindern auch nicht jede Enttäuschung abnehmen, denn auch damit müssen Kinder umgehen lernen. Sie müssen es aushalten können, dass sie im Spiel verlieren, und Strategien entwickeln, wie sie mit der momentanen Niederlage zurechtkommen.

Wichtig ist, dass Eltern offen für Fragen ihres Kindes sind, und versuchen, ihnen Antworten und Hilfen zu geben, wo es nötig ist.

Weitere Fördermöglichkeiten

Kinder mit Auffälligkeiten in der emotionalen und sozialen Entwicklung benötigen in der Regel therapeutische Hilfe. Da die Entwicklung bereits im Säuglingsalter beginnt, lassen sich Rückstände sonst kaum aufholen. Je nach Ausprägung ist eine Kinderpsychotherapie, Verhaltenstherapie o. Ä. erforderlich. Ansprechpartner ist auch hier zunächst der Kinderarzt, der an einen Kinderpsychiater überweisen kann, der ggf. Fördermaßnahmen einleitet.

Hilfreiche Literatur zur Förderung emotionaler und sozialer Kompetenz

- Charmaine Liebertz: Schatzbuch der Herzensbildung, München 2009[4]
- Charmaine Liebertz: Spiele zur Herzensbildung. Emotionale Intelligenz und soziales Lernen. München 2007
- Charmaine Liebertz: Schatzbuch des Lachens, München 2009
- Charmaine Liebertz: Spielekartei Gefühle und Rituale. Pädagogische Schatzbriefe, München 2008
- Rosemarie Portmann: Die 50 besten Spiele fürs Selbstbewusstsein. München 2009[6]
- Rosemarie Portmann: Die 50 besten Spiele für mehr Sozialkompetenz, München 2009[3]

BEOBACHTUNGSBÖGEN ZUR FRÜHERKENNUNG

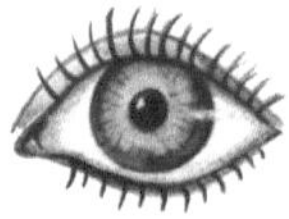

Visuelle Wahrnehmung

Beobachtungsbogen zur Früherkennung

Name des Kindes: ....

Geburtsdatum / Alter (Jahre/Monate): ....

Gruppe: ....

Beobachtungstermin bzw. -zeitraum: ....

Anzeichen im Spiel

- ❑ Das Kind hat Schwierigkeiten, auch bei einfachen Puzzlespielen die richtigen Puzzleteile zu finden.
- ❑ Das Kind kann Plättchen nicht in neue Muster umlegen.
- ❑ Das Kind baut kaum mit Bausteinen und wenn, gelingt ihm ein Turm oder dergleichen nur schlecht.
- ❑ Das Kind kann nicht oder nur schlecht mit Bausteinen nach Vorlagen bauen.
- ❑ Das Kind greift öfter mal daneben, wenn es eine Spielfigur vorrücken oder etwas aufheben möchte.

Anzeichen beim Malen und Basteln

- ❑ Das Kind hat Probleme beim Auffädeln von Perlen nach einem bestimmten Muster.
- ❑ Das Kind malt auch im Vorschulalter über die Blattgrenzen und kann kein Bild ausmalen, ohne häufiger als fünfmal die Ränder zu übermalen.
- ❑ Das Kind kann keine Punktbilder nachmalen.
- ❑ Das Kind kann seinen Namen nicht auf einer Linie schreiben, ohne dass es mehr als einen halben Zentimeter von der Linie abweicht.
- ❑ Das Kind zeichnet nicht sehr gut.

Anzeichen beim Vorlesen und Sprechen

- ❑ Begriffe wie innen, außen, neben, hinter, rechts und links werden nicht verstanden.
- ❑ Das Kind findet in einem Wimmelbuch eine gesuchte Figur immer als Letztes.
- ❑ Das Kind kann eine Zahl auf einem Bild erkennen, aber z. B. nicht auf einem Nummern- oder Straßenschild.

Anzeichen beim Laufen oder Spielen im Freien

- ❑ Das Kind kann rechts und links nicht unterscheiden.
- ❑ Das Kind kann nicht auf einem Baumstamm balancieren.
- ❑ Das Kind geht Treppen auch im Vorschulalter noch langsam herunter und zögert, wenn es von einer Bordsteinkante hinuntersteigen soll.
- ❑ Das Kind stolpert öfter, auch über auffällige Gegenstände.
- ❑ Es hat Schwierigkeiten, einen Ball zu fangen oder zu schießen.

Weitere Beobachtungen:

....

....

....

....

....

....

....

....

....

Datum: .... Unterschrift Erzieherin: ....

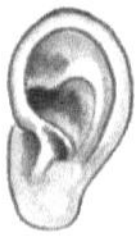

Auditive Wahrnehmung

Beobachtungsbogen zur Früherkennung

Name des Kindes: ....

Geburtsdatum / Alter (Jahre/Monate): ....

Gruppe: ....

Beobachtungstermin bzw. -zeitraum: ....

Anzeichen beim Spielen oder Basteln

- ❏ Das Kind klagt über Lärm, obwohl die Geräuschkulisse nicht sehr laut ist.
- ❏ Das Kind kann nicht sagen, woher ein Geräusch kommt oder aus welcher Richtung es gerufen wird.
- ❏ Das Kind kann sich mündliche Anweisungen nicht merken, fragt öfter nach und macht oft nur das, was die anderen Kinder tun.
- ❏ Das Kind kann unter vielen Geräuschen nicht das für ihn wichtige, z. B. eine Spielanleitung, eine Bitte, herausfiltern.
- ❏ Bei Spielen wie „Koffer packen“ kann das Kind sich die Reihenfolge der Gegenstände nicht merken.
- ❏ Das Kind kann bei Spielen wie „Blinde Kuh“ und „Topfschlagen“ nicht erkennen, woher Stimmen oder Geräusche kommen.

Anzeichen beim Laufen oder Spielen im Freien

- ❏ Das Kind kann die Stimmen auch enger Freunde auf dem Spielplatz nicht unterscheiden.
- ❏ Das Kind kann die Richtung eines Geräusches, das sich bewegt, z. B. eines Motorrades, nicht verfolgen
- ❏ Das Kind erkennt Warngeräusche, z. B. den Gong, nicht
- ❏ Das Kind vermeidet Umgebungen mit vielen unterschiedlichen Reizen, z. B. Einkaufszentrum, Bahnhof, Kindergarten.

Anzeichen beim Vorlesen oder Sprechen

- ❑ Das Kind verwechselt ähnliche Laute (z. B. i und ü oder a und o), Wörter (z. B. Haus und Maus) oder Geräusche (z. B. Staubsauger und Mixer).
- ❑ Das Kind kann sich Sätze, Lieder oder Reime nicht merken und Zungenbrecher nur schwer oder gar nicht nachsprechen.
- ❑ Das Kind nimmt das Gehörte nicht wahr, wenn im Hintergrund Geräusche sind, z. B. andere Kinder, Musik, Autogeräusch.
- ❑ Das Kind versteht auch im direkten Gespräch kaum etwas, wenn das Gegenüber schnell, leise oder undeutlich spricht.
- ❑ Das Kind kann unbekannte Wörter oder Buchstabenkombinationen auch im Vorschulalter noch nicht ohne Probleme nachsprechen.
- ❑ Das Kind kann keine Geschichte, keinen Witz o. Ä. nacherzählen.
- ❑ Das Kind verliert schnell das Interesse an längeren Geschichten, weil es den Anfang oder Zusammenhang schon vergessen hat.

Weitere Beobachtungen:

....

....

....

....

....

....

....

....

....

Datum: .... Unterschrift Erzieherin: ....

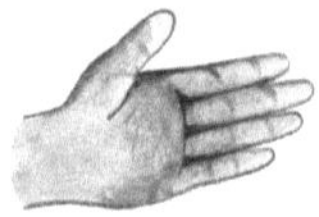

Fein- und Graphomotorik

Beobachtungsbogen zur Früherkennung

Name des Kindes: ....

Geburtsdatum / Alter (Jahre/Monate): ....

Gruppe: ....

Beobachtungstermin bzw. -zeitraum: ....

Anzeichen im Spiel und Alltag

- ❑ Das Kind vermeidet kleine Bausteine und spielt noch lange mit den größeren Bausteinen für Kleinkinder.
- ❑ Das Kind lässt häufig gerade kleine Gegenstände fallen oder kann sie nicht annehmen, wenn sie ihm gereicht werden, z. B. ein kleines Apfelstück.
- ❑ Das Kind isst nur mit dem Löffel und schafft es nicht, mit der Gabel zu essen oder sich selbst ein Brot zu streichen.
- ❑ Das Kind hat Probleme, seine Jacke anzuziehen und den Reißverschluss oder die Knöpfe zu schließen.
- ❑ Das Kind erobert ein Spielgerät und bleibt dort sitzen, während die anderen Kinder die Geräte wechseln oder herumlaufen.
- ❑ Das Kind läuft häufig gegen andere Kinder oder Gegenstände, obwohl es sie sieht.
- ❑ Das Kind hüpft nicht, spielt z. B. bei Gummitwist, Seilchen springen oder Hüpfkästchen oder anderen Bewegungsspielen nicht oder nur widerwillig mit.

Anzeichen beim Basteln und Malen

- ❑ Das Kind malt nicht gerne mit Stiften oder Pinseln und weicht stattdessen auch im Vorschulalter noch auf Fingerfarbe oder Wachsmalkreide aus.
- ❑ Die Bilder des Kindes wirken ungelenk, es zeichnet vor allem großflächig und verzichtet auf kleine Dinge wie Blumen, Vögel etc.
- ❑ Das Kind tut sich schwer, beim Ausschneiden halbwegs auf der Linie zu bleiben.
- ❑ Wenn das Kind doch mal einen Stift in die Hand nimmt, hält es ihn sehr steif.
- ❑ Das Kind beherrscht auch im Vorschulalter den Drei-Punkte-Griff, auch Zangengriff genannt, noch nicht und malt sogar noch mit dem Stift in der Faust.
- ❑ Das Kind versucht sich vor dem Basteln zu drücken, vor allem, wenn es dabei schneiden, kleben oder reißen muss.

Weitere Beobachtungen:

....

....

....

....

....

....

....

....

....

....

Datum: .... Unterschrift Erzieherin: ....

Sprache

Beobachtungsbogen zur Früherkennung

Name des Kindes: ....

Geburtsdatum / Alter (Jahre/Monate): ....

Gruppe: ....

Beobachtungstermin bzw. -zeitraum: ....

Anzeichen im Alltag

❑ Das Kind wird nicht gut verstanden, nicht einmal von Kindern oder Erzieherinnen, die es schon lange kennen.
❑ Das Kind spricht Laute noch nicht richtig aus, z. B. t statt k.
❑ Das Kind wiederholt beim Sprechen Silben oder Laute.
❑ Das Kind stottert oder spricht abgehackt.
❑ Das Kind lässt Laute weg, z. B. Pange statt Spange.
❑ Das Kind ersetzt Laute durch andere, z. B. Kirsche statt Kirche.
❑ Das Kind kann den Inhalt einer Geschichte nicht flüssig wiedergeben.
❑ Das Kind tut sich schwer, ein Erlebnis so wiederzugeben, dass die anderen es nachvollziehen können.
❑ Das Kind kann nicht angeben, wann und wo etwas passiert ist.
❑ Das Kind verwendet Fürwörter nicht richtig, spricht z. B. von „es“, wenn es einen Jungen meint.
❑ Das Kind versteht Anweisungen nicht.
❑ Das Kind hat Probleme, auf Fragen passende Antworten zu geben und Fragewörter richtig einzusetzen (wer, wann, wo).
❑ Das Kind schweigt die meiste Zeit und beteiligt sich auch nicht mit kleinen Bemerkungen am Gespräch der Kindergruppe.
❑ Das Kind beugt Verben nicht richtig, z. B. ich spielen, du spielen, wir spiele.
❑ Die Sätze des Kindes sind unvollständig, es gibt kein Subjekt, z. B. „möchte Saft haben“ statt „ich möchte Saft haben“.

- ❑ Das Kind verwendet beim Erzählen ausschließlich Sätze mit zwei oder drei Wörtern.
- ❑ In den Sätzen des Kindes kommen keine Adjektive vor und es kann keine Farben oder ähnliche Eigenschaften benennen.
- ❑ Das Kind verwechselt oft Wörter, die ähnliche Dinge bezeichnen, z. B. Stuhl und Sessel, Tasse und Glas.
- ❑ Das Kind nutzt wiederholt die falschen Artikel oder lässt sie ganz weg.
- ❑ Das Kind verwendet häufig die falsche Mehrzahl (die Hunds).

Weitere Beobachtungen:

....

....

....

....

....

....

....

....

....

....

....

....

....

Datum: .... Unterschrift Erzieherin: ....

Phonologische Bewusstheit

Beobachtungsbogen zur Früherkennung

Name des Kindes: ....

Geburtsdatum / Alter (Jahre/Monate): ....

Gruppe: ....

Beobachtungstermin bzw. -zeitraum: ....

Anzeichen im Alltag

- ❑ Ein Kind kann keine Reime erkennen und bilden.
- ❑ Ein Kind kann Wörter nicht nach ihrem Anfangslaut sortieren.
- ❑ Ein Kind findet keine Wörter zu einem Anfangslaut.
- ❑ Das Kind hat kein Rhythmusgefühl.
- ❑ Das Kind kann keine Silben klatschen oder gehen.
- ❑ Dem Kind gelingt es nicht, vorgegebene Buchstaben in einem Wort zu hören.
- ❑ Für das Kind ist es schwer, Bilder einem Laut zuzuordnen.
- ❑ Das Kind verspricht sich oft und nutzt einen falschen Anfangslaut.
- ❑ Das Kind kann die Länge eines Wortes nicht vom Inhalt des Wortes trennen.

Weitere Beobachtungen:

....

....

....

....

....

Datum: .... Unterschrift Erzieherin: ....

Konzentration

Beobachtungsbogen zur Früherkennung

Name des Kindes: ....

Geburtsdatum / Alter (Jahre/Monate): ....

Gruppe: ....

Beobachtungstermin bzw. -zeitraum: ....

Anzeichen im Alltag

- ❑ Das Kind hört mitten im Spiel oder in einer Aufgabe auf, sobald ein Problem auftaucht.
- ❑ Das Kind langweilt sich schnell und sucht ständig nach neuer Beschäftigung, ohne eine abzuschließen.
- ❑ Das Kind lässt sich auch bei Dingen, die es interessieren und die ihm Spaß machen, leicht ablenken.
- ❑ Das Kind kann das Ende einer Geschichte nicht wiedergeben.
- ❑ Das Kind ermüdet rasch und schaltet ab.
- ❑ Das Kind gibt schnell auf, wenn ein Hindernis oder ein Problem auftritt.
- ❑ Das Kind bewegt sich unkoordiniert und hektisch.
- ❑ Das Kind starrt in die Luft.
- ❑ Das Kind bekommt nicht mit, was die Erzieherin oder andere Kinder sagen.
- ❑ Dem Kind gelingt es kaum, einen Arbeitsauftrag vollständig zu Ende zu bringen.
- ❑ Es zeigt wenig Bereitschaft, sich mit anderen zu messen oder Leistung zu erbringen.
- ❑ Die Stimmungen des Kindes schwanken häufig innerhalb kurzer Zeit, es ist wenig ausgeglichen.
- ❑ Das Kind wirkt vergesslich.
- ❑ Das Kind arbeitet langsam und hinkt auffällig oft hinter den anderen Kindern her.

Zusätzliche Anzeichen für ADHS

- ❑ Das Kind ist unausgeglichen und schnell frustriert.
- ❑ Das Kind verstößt immer wieder gegen Regeln.
- ❑ Das Kind redet viel und lässt die anderen nicht ausreden.
- ❑ Dem Kind fällt es schwer, einer Geschichte zuzuhören.
- ❑ Das Kind zappelt bei ruhigen Spielen oder im Stuhlkreis umher, steht evt. sogar öfter mal auf.

Weitere Beobachtungen:

....

....

....

....

....

....

....

....

....

....

....

....

....

Datum: .... Unterschrift Erzieherin: ....

Merkfähigkeit

Beobachtungsbogen zur Früherkennung

Name des Kindes: ....

Geburtsdatum / Alter (Jahre/Monate): ....

Gruppe: ....

Beobachtungstermin bzw. -zeitraum: ....

Anzeichen im Alltag

❑ Das Kind kann sich kleine Aufträge nicht merken.
❑ Das Kind vergisst, was es holen wollte.
❑ Das Kind verliert immer bei Gedächtnisspielen (z. B. „Koffer packen"/„Memory").
❑ Das Kind denkt nicht an Verabredungen, obwohl es sich darauf freut.
❑ Das Kind kann sich auch einfache Liedertexte oder Refrains nicht merken.
❑ Selbst Informationen, die es interessant findet, vergisst es schnell, z. B. die Namen seiner Lieblingsfußballspieler oder von Fernsehfiguren.
❑ Das Kind kann nicht erzählen, was in einer Geschichte vorkam.
❑ Ein Kind findet sich in der Kita nicht zurecht, obwohl die Wege mit Symbolen gekennzeichnet sind.
❑ Das Kind vertut sich oft mit seiner Kiste oder seinem Fach, weil es sich die Position nicht merken kann.

Weitere Beobachtungen:

....

....

....

....

Datum: .... Unterschrift Erzieherin: ....

Vorstellungskraft

Beobachtungsbogen zur Früherkennung

Name des Kindes: ....

Geburtsdatum / Alter (Jahre/Monate): ....

Gruppe: ....

Beobachtungstermin bzw. -zeitraum: ....

Anzeichen im Alltag

- ❑ Das Kind zeichnet statt des geforderten Hundes eine Ente oder ein anderes Tier, das sich deutlich von einem Hund unterscheidet, also keine vier Beine hat oder ein besonderes Merkmal, z. B. einen Rüssel, ein Horn.
- ❑ Das Kind kann im Stuhlkreis eine Geschichte nicht weitererzählen, weil ihm nichts einfällt, während es sonst keine Schwierigkeiten beim Sprechen hat.
- ❑ Das Kind kann kein Bild zu einer Zahl nennen, z. B. Würfelbild, Hand (fünf), Augen (zwei).
- ❑ Das Kind beteiligt sich zwar an Rollenspielen wie Vater, Mutter, Kind, ist aber passiv und bringt keine eigenen Ideen ein.
- ❑ Das Kind kann eine Figur, die in einer Geschichte vorkommt (nicht in einem Bilderbuch), nicht beschreiben.
- ❑ Das Kind hat Schwierigkeiten, beschriebene Dinge auf einem Bild zu finden, z. B. ein Rechteck, das auf dem Bild als Schild zu erkennen ist.

Weitere Beobachtungen:

....

....

....

Datum: .... Unterschrift Erzieherin: ....

Abstraktionsvermögen

Beobachtungsbogen zur Früherkennung

Name des Kindes: ....

Geburtsdatum / Alter (Jahre/Monate): ....

Gruppe: ....

Beobachtungstermin bzw. -zeitraum: ....

Anzeichen im Alltag

- ❑ Das Kind spricht auch im Jahr vor der Einschulung noch von dem „Ding“, wenn es einen Gegenstand meint, den es kennen sollte, z. B. Alltagsgegenstände, Kleidung, heimische Tiere und Pflanzen.
- ❑ Das Kind kann Gegenstände nicht nach Form, Farbe oder Größe sortieren.
- ❑ Das Kind verwechselt Buchstaben mit Zahlen und umgekehrt.
- ❑ Das Kind wirft beim Aufräumen Gegenstände in die falschen Kisten oder Fächer.
- ❑ Das Kind vertauscht Namen von Gegenständen, die eine ähnliche Funktion haben, z. B. Schere und Messer, Mütze und Hut.
- ❑ Das Kind erkennt nicht, welche Bilder einer Bildergeschichte zusammengehören.

Weitere Beobachtungen:

....

....

....

....

Datum: .... Unterschrift Erzieherin: ....

Räumliche und zeitliche Orientierung

Beobachtungsbogen zur Früherkennung

Name des Kindes: ....

Geburtsdatum / Alter (Jahre/Monate): ....

Gruppe: ....

Beobachtungstermin bzw. -zeitraum: ....

Anzeichen Räumliche Orientierung

- ❑ Das Kind verteilt beim Malen die Gegenstände unstrukturiert auf das Blatt, Wolken sind unterhalb eines Baumes o. Ä.
- ❑ Das Kind verläuft sich im Gebäude auch nach zwei oder drei Jahren noch.
- ❑ Das Kind baut gar nicht oder nur auf Aufforderung mit Bausteinen.
- ❑ Das Kind hat Schwierigkeiten, ein vorgegebenes Muster nachzubauen.
- ❑ Das Kind lehnt Labyrinthspiele ab, sowohl Hand- als auch Brettspiellabyrinthe.
- ❑ Das Kind tut sich schwer, Buchstaben oder Zahlen in Schreibrichtung nachzuzeichnen. (Es beginnt z. B. die 1 unten rechts und nicht links in der Mitte.)
- ❑ Das Kind wählt nie freiwillig Steckspiele, bei denen es vorgegebene Muster stecken muss.
- ❑ Bei Spielen wie „Blinde Kuh“ oder „Topf schlagen“ benötigt das Kind deutlich länger als andere Kinder, bis es das Ziel gefunden hat.
- ❑ Bei Beschreibungen kann das Kind nicht die richtigen Begriffe verwenden wie oben, unten, über, unter.

Anzeichen Zeitliche Orientierung

- ❑ Das Kind kann auch kurz vor der Einschulung noch nicht „gestern“ und „morgen“ unterscheiden.
- ❑ Das Kind kann drei oder vier Bilder einer Bildergeschichte nicht in eine zeitliche Abfolge bringen.
- ❑ Das Kind kann bei zwei Bildern nicht sagen, welches „vorher“ und welches „nachher“ anzeigt.
- ❑ Das Kind fragt am Vormittag alle paar Minuten nach, wenn Sie es auf den Nachmittag verwiesen haben.
- ❑ Das Kind bringt die Reihenfolge von Ereignissen beim Erzählen durcheinander.

Weitere Beobachtungen:

....

....

....

....

....

....

....

....

....

....

....

Datum: .... Unterschrift Erzieherin: ....

Logisches Denken

Beobachtungsbogen zur Früherkennung

Name des Kindes: ....

Geburtsdatum / Alter (Jahre/Monate): ....

Gruppe: ....

Beobachtungstermin bzw. -zeitraum: ....

Anzeichen im Alltag

- ❑ Das Kind kann zwei Bilder, die deutlich Vorher-Nachher-Situationen zeigen, z. B. zuerst hat das Kind nur eine Hose an und danach ist es vollständig bekleidet, nicht in die richtige Reihenfolge bringen.
- ❑ Das Kind benutzt öfter falsches Arbeitsmaterial, es will z. B. ein Blatt mit dem Messer schneiden oder eine Suppe mit der Gabel essen.
- ❑ Das Kind kann keine Wenn-Dann-Beziehungen herstellen und verstehen, z. B. wenn ich durch den Rasensprenger laufe, dann werde ich nass.
- ❑ Das Kind tut sich schwer bei komplexeren Geschichten oder Bilderbüchern, in denen es Zeit- oder Ortsprünge gibt.
- ❑ Dem Kind fällt es schwer, Reihen zu ergänzen, z. B. ein Muster beim Auffädeln der Perlen weiterzuführen.
- ❑ Das Kind stellt nie oder auffällig weniger Warum-Fragen als andere Kinder.

Weitere Beobachtungen:

....

....

....

....

Datum: .... Unterschrift Erzieherin: ....

Mengen- und Zahlensinn

Beobachtungsbogen zur Früherkennung

Name des Kindes: ....

Geburtsdatum / Alter (Jahre/Monate): ....

Gruppe: ....

Beobachtungstermin bzw. -zeitraum: ....

Anzeichen im Alltag

- ☐ Das Kind ist nicht in der Lage eine kleine Anzahl von Gegenständen zu holen.
- ☐ Dem Kind gelingt es nur selten, eine gewürfelte Zahl richtig auf dem Spielfeld zu gehen.
- ☐ Das Kind versteht und verwendet die Begriffe „mehr“ und „weniger“ nicht oder falsch.
- ☐ Das Kind kann nicht sagen, auf welchem Teller mehr oder wenigern Plätzchen o. Ä. liegen, wenn die Mengen deutlich unterschiedlich sind, z. B. 1 und 4 oder 5 und 10.
- ☐ Das Kind kann im Zehnerbereich nicht eine Zahl einer Menge zuordnen, also z. B. nicht sagen: „Das sind drei Stühle“.
- ☐ Das Kind kann die Anzahl der Finger, die ihm gezeigt werden, nicht benennen.
- ☐ Während die anderen Kinder mit Begeisterung Aufgaben lösen, in denen die Zahlen von 1 bis 20 zu Bildern verbunden werden müssen, lehnt das Kind diese Aufgabe ab oder drückt sich davor.
- ☐ Das Kind kann auch im Jahr vor der Einschulung die Zahlwortreihe von 1 bis 20 nicht fehlerlos aufsagen.
- ☐ Das Kind erkennt nicht, dass eine Menge gleich bleibt, auch wenn sie zusammen- oder auseinandergeschoben wird.

Weitere Beobachtungen:

....
....
....
....
....
....
....
....
....
....
....
....
....
....
....
....
....
....
....
....
....

Datum: .... Unterschrift Erzieherin: ....

Emotionale und soziale Kompetenz

Beobachtungsbogen zur Früherkennung

Name des Kindes: ....

Geburtsdatum / Alter (Jahre/Monate): ....

Gruppe: ....

Beobachtungstermin bzw. -zeitraum: ....

Anzeichen Emotionale Kompetenz

- ❑ Dem Kind gelingt es nicht auf eigene Bedürfnisse oder Gefühle aufmerksam zu machen und es wird auffällig.
- ❑ Das Kind versteht die Gefühle anderer Kinder nicht.
- ❑ Das Kind kann keine Gesichter gegensätzlicher Emotionen wie Freude und Traurigkeit unterscheiden bzw. an Gesichtern der anderen Kinder keine Emotionen ablesen.
- ❑ Das Kind kennt keine Möglichkeiten, seine Emotionen zu regulieren wie Kuscheln, Malen, Wutball, Selbstgespräche, Rituale.
- ❑ Das Kind kann seine Gefühle nicht benennen.
- ❑ Das Kind interessiert sich nicht für Erlebnisberichte anderer Kinder, auch nicht wenn es sich um besonders emotionale Berichte, z. B. über den Tod des Kaninchens, handelt.

Weitere Beobachtungen:

....

....

....

Datum: .... Unterschrift Erzieherin: ....

Anzeichen Soziale Kompetenz

- ❑ Das Kind kommt mit der Rollenverteilung beim Spiel nicht zurecht und weigert sich mitzuspielen.
- ❑ Das Kind reagiert aggressiv bei der Aufteilung von Dingen.
- ❑ Das Kind bietet nie Hilfe an, wenn ein anderes Kind nicht zurechtkommt.
- ❑ Das Kind hat Probleme, anderen zuzuhören.
- ❑ Das Kind baut nie gemeinsam mit anderen einen Turm o. Ä.
- ❑ Das Kind wird gewalttätig oder wirft mit Dingen um sich, wenn es im Spiel verliert oder nur eine Figur o. Ä. verliert.
- ❑ Das Kind versteht kooperative Spiele nicht, weil es nur in Gewinner- und Verlierer-Dimensionen denkt.
- ❑ Das Kind streitet wiederholt um Dinge und steckt nie zurück.
- ❑ Das Kind reagiert mit auffälligem Verhalten oder durch Rückzug auf ungerechtfertigte Anschuldigungen, versucht nicht seinen Standpunkt zu erklären.
- ❑ Das Kind ist nicht in der Lage, durch Verhandeln etwas zu erlangen.

Weitere Beobachtungen:

....

....

....

....

....

....

....

....

Datum: .... Unterschrift Erzieherin: ....

Literatur

Bundesministerium für Bildung & Forschung: Bildungshäuser für Kinder von drei bis zehn Jahren. Expertise. Berlin o. J.

Beth Casey, Caroline Jones: Lernen kann ich immer und überall. Weltentdeckungen und Lernanregungen für 3- bis 5-Jährige. Mülheim 2007

Hessisches Kultusministerium/Hessisches Sozialministerium: Bildung von Anfang an. Wiesbaden 2007